# NOTICE BIOGRAPHIQUE



# ANTOINE-MARIE AUGOYAT

EXTRAIT DU SPECTATEUR MILITAIRE, 15 OCTOBRE 1864.

Paris. — Imprimerie de E. MARTINET, rue Mignon, 2.

# NOTICE BIOGRAPHIQUE

## SUR

# ANTOINE-MARIE AUGOYAT

Ancien élève de l'École polytechnique, colonel du génie en retraite,
commandeur de la Légion d'honneur
et des ordres de Sainte-Anne de Russie et de la Couronne de chêne de Hollande,
chevalier de Saint-Louis, conservateur de la galerie des Plans-reliefs,

NÉ A MACON LE 28 DÉCEMBRE 1783 ET MORT A PARIS
LE 11 AOUT 1864,

### PAR

### CHARLES ÉMY,

Ancien élève de l'École polytechnique, colonel d'artillerie en retraite,
commandeur de la Légion d'honneur
et de l'ordre d'Isabelle la Catholique, officier de l'ordre du Sauveur de Grèce
et membre de l'Académie impériale de Metz.

# PARIS

## CH. TANERA, ÉDITEUR,

LIBRAIRIE POUR L'ART MILITAIRE, LES SCIENCES ET LES ARTS,

**Rue de Savoie, 6.**

1864

# NOTICE BIOGRAPHIQUE

sur

# ANTOINE-MARIE AUGOYAT

Il est des hommes dont l'existence a été si complétement remplie par le bien qu'ils ont fait, par les travaux qu'ils ont laissés, et qui ont été si heureusement doués, sous le rapport des qualités du cœur et des facultés de l'esprit, qu'ils semblent avoir été envoyés sur terre tout exprès pour nous servir de modèle.

Les personnes qui ont eu le bonheur de les connaître et surtout d'être admises dans leur intimité, n'en parlent qu'avec respect et attendrissement ; elles les regrettent sincèrement et ne peuvent que s'attrister, en pensant que le souvenir de ces hommes d'élite peut quelquefois ne pas leur survivre.

Certes, s'il fut jamais à désirer qu'un écrit, si peu remarquable qu'il soit en lui-même, vienne nous apprendre comment ces êtres privilégiés ont su partager leur vie entre le travail et la pratique des vertus privées, c'est assurément pour le colonel Augoyat dont l'existence fut consacrée tout entière à l'étude, à l'accomplissement du devoir, au dévouement envers les siens, et à l'affection pour ses amis. D'ailleurs, par l'importance de ses services, par son savoir et par ses travaux, il mérite une mention toute particulière dans les annales biographiques du corps auquel il a eu l'honneur d'appartenir, et il peut, à juste titre, être placé parmi les officiers distingués qui ont illustré l'arme du génie.

Nous allons donc tâcher de rappeler comment il s'est acquis la profonde estime et la sincère affection de tous ceux qui l'ont connu. Le récit de sa vie, le résumé de ses services et l'exposé de ses travaux ne peuvent manquer de présenter beaucoup d'intérêt. Nous donnerons d'abord quelques détails sur sa vie privée et sur sa carrière militaire, et nous les ferons suivre de l'énumération de ses écrits.

Antoine-Marie Augoyat appartenait à une famille honorable et considérée de Màcon ; il était le fils d'un avoué, ancien procureur au bailliage de cette ville (1). Né à Màcon, le 28 décembre 1783, il arrive dans ce monde juste assez tôt pour pouvoir, dès qu'il est homme, prendre part aux guerres de l'Empire, de 1805 à 1815, et pour assister jusqu'au dernier moment, comme acteur courageux et animé d'un patriotique élan, aux

---

(1) Le père du colonel Augoyat eut trois fils et deux filles : l'un de ses fils devint avocat au barreau de Màcon ; l'une des filles avait épousé M. Ronot, juge de paix à Màcon, qui fut l'un des amis les plus intimes de Lamartine, et qui est mort en 1847. C'est dans l'étude d'Augoyat père que le jeune Joubert, qui devint général de division, débuta comme simple clerc, avant d'entrer dans la carrière où il devait illustrer son nom.

terribles luttes que la France a soutenues pendant vingt ans, malgré de funestes revers, pour assurer son indépendance au dehors, pour détruire chez elle d'intolérables priviléges et de criants abus, et pour établir enfin le nouveau régime social basé sur l'égalité civile.

Il fit ses classes de latin dans sa ville natale; mais ses parents l'envoyèrent de bonne heure à Lyon, pour commencer l'étude des mathématiques et de la physique, qu'il alla continuer à Paris, à l'École centrale de la rue Saint-Antoine, et au Prytanée français, nom sous lequel on désignait à cette époque le lycée Louis-le-Grand.

Ce fut à l'École centrale et au Prytanée, en 1800, qu'Augoyat et Charles Dupin, qui suivaient les mêmes cours, se connurent et se lièrent d'une étroite amitié qui dura toute leur vie (1).

Augoyat eut assez de succès dans ses études pour entendre proclamer son nom à la distribution des prix, à la fin de l'année 1801, au concours général des écoles centrales du département de la Seine, où il remporta le premier prix de mathématiques, et pour être admis cette même année à l'École polytechnique, avec le numéro huit, dans la promotion du 1ᵉʳ vendémiaire an X, ou 23 septembre 1801.

Il eut le plaisir d'y retrouver son ami Dupin, qui,

(1) Il s'agit de M. le baron Dupin (Pierre-Charles-François), né le 6 octobre 1784 à Varzy (Nièvre), et qui est aujourd'hui sénateur et grand-officier de la Légion d'honneur. Statisticien et écrivain distingué, il est membre de l'Académie des sciences et de l'Académie des sciences morales et politiques.

entré à l'école le premier de sa promotion, en sortit
également le premier, dans le corps des ingénieurs de
la marine. Augoyat, qui déjà était bon observateur et
savait apprécier les jeunes gens avec lesquels il vivait,
avait reconnu dans son ami un sujet d'élite: « Je le
considérai à cette époque, a-t-il dit, comme l'élève le
plus distingué par son intelligence et par la vivacité
de son esprit. »

Pendant leur séjour à l'École polytechnique, Charles
Dupin et Augoyat habitaient une maison de la rue de
Bourgogne qui faisait l'angle occidental de cette rue et
de la rue de Varennes; ils y avaient chacun leur
chambre, située au quatrième étage. Le choix qu'ils
avaient fait de cette demeure était motivé par la proxi-
mité de l'école qui, connue sous le nom d'École centrale
des travaux publics, était établie dans une partie
des bâtiments dépendant du Palais Bourbon, et que
l'on avait appropriés aux besoins des études : car,
dans ce temps, les élèves n'étaient pas casernés, et nous
pouvons dire que cela n'était pas nécessaire pour
Dupin et pour Augoyat : leur désir de s'élever par le
travail était à la fois leur stimulant et leur mentor.

Ces deux amis étaient fort modestes dans leur instal-
lation ; le prix du loyer de chaque chambre était de
six francs par mois ; le mobilier, à l'unisson de l'appartement, consistait dans un lit, une table et quelques
chaises. C'était tout juste ce qu'il fallait pour se mettre
au travail pendant le jour et pour se livrer au repos
pendant la nuit. Une malle renfermait le léger bagage
de ces futurs savants.

Après avoir fait ses études préliminaires et avant d'entrer à l'École polytechnique, Augoyat alla passer le temps des vacances chez son père; là, il apprit qu'un jeune homme, fils d'un honnête menuisier de Mâcon, s'occupait de mathématiques; que livré à lui-même, sans professeur et n'ayant entre les mains que le cours de Bezout, il s'était mis à l'étude de la géométrie, pensant avec raison, tout en maniant de temps à autre le rabot, comme apprenti de son père, que cette science pourrait bien un jour lui être utile dans sa profession.

Augoyat, que ces dispositions studieuses intéressaient vivement, alla le voir, quoiqu'il ne le connût pas; il lui trouva du goût pour les sciences, prit plaisir à le faire travailler, lui parla de l'École polytechnique et le décida à se préparer pour y entrer.

Mais il fallait que ce jeune homme vînt à Paris pour avoir des moyens d'étude qu'il ne pouvait trouver dans sa ville natale. Il s'y rendit donc, pendant qu'Augoyat faisait sa dernière année d'école. Celui-ci le reçut de son mieux dans sa petite chambre de la rue de Bourgogne, partagea même son lit avec lui, et, de concert avec Dupin, continua à lui donner des conseils.

Peu de jours après son arrivée à Paris, il fut accueilli chez l'illustre astronome Delambre, secrétaire de l'Académie des sciences, auquel il avait été recommandé chez le préfet de Saône-et-Loire, M. Buffault, qui était le cousin de madame Delambre; il y demeura jusqu'au moment où il fut admis à l'École polytechnique, en 1803.

Ce jeune homme, qui n'oublia jamais que c'était à l'amitié d'Augoyat qu'il devait d'être entré à l'École, a conquis un rang distingué parmi les savants du XIX<sup>e</sup> siècle : c'est M. Claude-Louis Mathieu l'astronome, aujourd'hui commandeur de la Légion d'honneur, membre de l'Académie des sciences et du bureau des longitudes (1).

Revenons aux deux amis de la rue de Bourgogne. ils travaillaient beaucoup pendant la semaine ; mais le dimanche, Augoyat et son cher Dupin déjeunaient avec leurs amis, au nombre desquels étaient de Marchangy, de Schonen, Descombes, Brianchon et Mathieu. Le frère aîné de Charles Dupin faisait aussi partie de ces petites réunions (2).

(1) A sa sortie de l'École polytechnique, en 1805, Mathieu est entré dans les ponts et chaussées ; en 1807, il a été nommé secrétaire-bibliothécaire de l'Observatoire à la place d'Arago, qui venait de partir avec Biot pour aller mesurer le méridien terrestre. Il a été attaché à l'École polytechnique pendant vingt-six ans, d'abord comme répétiteur d'Arago, de 1817 à 1828, puis comme professeur, de 1828 à 1838 ; enfin, comme examinateur, de 1838 à 1863. Député de Saône-et-Loire pendant seize ans, il a fait partie de l'Assemblée constituante en 1848. Il est devenu le beau-frère des Arago.

(2) C'est l'illustre magistrat connu sous le nom de *Dupin aîné*, né à Varzy (Nièvre), le 1<sup>er</sup> juin 1783, aujourd'hui sénateur, procureur général à la Cour de cassation, et grand-croix de la Légion d'honneur.

Marchangy (Louis-Antoine-François de), né le 28 août 1782 à Clamecy (Nièvre), était à peu près du même âge qu'Augoyat. Magistrat éminent, orateur éloquent, courageux, mais passionné, il acquit une certaine célébrité par son dévouement au gouvernement de la Restauration ; il est mort procureur général à la Cour de cassation, le 23 février 1826, à l'âge de quarante-six ans. On lui doit un poëme,

Augoyat dit, dans l'une de ses notes, que Marchangy, qui les invitait aussi à son tour à venir déjeuner avec lui, leur lisait des fragments de son poëme, *Le Bonheur de la campagne*, auquel il travaillait à cette époque. Il a laissé un billet écrit de la main de Marchangy, alors âgé de vingt ans, et qu'il avait conservé précieusement dans sa correspondance. Voici ce billet :

intitulé *Le Bonheur de la campagne* (1804), *Tristan le Voyageur* et *La Gaule poétique*, ou l'*Histoire de France considérée dans ses rapports avec la poésie, l'éloquence et les beaux-arts* (1813), ouvrage qui l'a fait placer parmi les littérateurs distingués de ce siècle.

Le baron de Schonen (Jean-Augustin-Marie) connut Dupin et Augoyat à l'École centrale. Né le 12 février 1782, il débuta, en 1808, dans la magistrature comme auditeur à la Cour d'appel de Paris. Il a joué un rôle important dans les événements politiques qui amenèrent la chute de Charles X, et sous le gouvernement de Louis-Philippe. Député pendant plusieurs années, il a fait partie de la Commission municipale de Paris en 1830, fut membre du Conseil général de la Seine en 1836, devint procureur général à la Cour des comptes, grand officier de la Légion d'honneur, et mourut en 1849.

Carmignac-Descombes, en sortant de l'École polytechnique, en 1804, entra dans l'instruction publique, comme professeur de mathématiques spéciales au collége de Sorèze ; quelques années après, il quitta cet emploi pour s'occuper de travaux publics ; il construisit la manufacture d'armes de Châtellerault, et se retira ensuite dans son pays natal, près de Ruffec (Charente), où il se livra à l'agriculture. Aujourd'hui M. Descombes habite Poitiers, où il s'occupe de questions d'agronomie. C'est lui qui a présenté au Sénat, en 1862, une pétition pour demander l'organisation de l'enseignement agricole dans les écoles communales, et l'adoption de diverses mesures qui avaient pour objet le développement de l'agriculture en France.

Quant à Brianchon (Charles-Julien), né à Sèvres en 1785, il était le contemporain de Mathieu à l'École polytechnique ; il en sortit dans l'artillerie, et devint professeur à l'école d'artillerie de Vincennes. Géomètre et chimiste, il se distingua par ses écrits.

*Marchangy aux citoyens Dupin et Augoyat.*

« Paris, le 5 floréal an x (22 avril 1802).

» Quand on veut vous voir, mes bons amis, il faut
» toujours solliciter votre visite. Votre cœur, dites-
» moi, ne vous poussera-t-il pas une bonne fois chez
» moi volontairement. Cependant, n'ayant que le temps
» de vous écrire deux mots, je ne veux pas l'employer
» à vous gronder ; je vous prierai donc de venir di-
» manche dans la matinée, pour entendre la lecture
» d'un petit ouvrage en prose, sur lequel je serai flatté
» de recueillir vos avis. Adieu ; à dimanche.

» Votre ami,

» MARCHANGY. »


On comprend tout le charme que devaient éprouver,
dans leur propre société, ces aimables et spirituels
jeunes gens, encore dans l'âge des illusions, exempts
de soucis et d'ambition, pleins de confiance l'un pour
l'autre, uniquement occupés de leurs études, et trou-
vant de délicieux délassements dans ces réunions intimes.

Augoyat, tout jeune qu'il était, savait, comme on le
voit, choisir les hommes auxquels il accordait son amitié. C'est à cette délicatesse de tact, à cette rectitude
dans ses appréciations, formant l'un des traits les plus
saillants de son caractère, et qui ont eu, sans doute,
sur sa vie la plus grande influence, qu'il dut le bonheur
de compter au nombre de ses amis des hommes aussi

distingués. Il s'est plu pendant sa vie à parler d'eux ;
il se les est rappelés même dans ses dernières années,
et nous avons cru remplir ses intentions en leur accor-
dant à tous une mention particulière dans cette notice.

Il était d'usage, à l'époque dont nous parlons, que
les élèves fissent connaître, en entrant à l'École polytechnique, le service public dans lequel ils désiraient
être placés à leur sortie de l'école. Augoyat avait demandé le Génie militaire, et le 24 septembre 1803, il
fut admis dans cette arme, dans les premiers rangs de
sa promotion ; en conséquence, il se rendit à Metz, où
en vertu de l'arrêté des consuls, en date du 4 octobre
1802, le gouvernement venait d'organiser l'École d'artillerie et du génie (1).

Voici en quels termes Augoyat nous a laissé ses souvenirs de l'École de Metz. « L'École était alors comman-
» dée par un colonel d'artillerie, M. Lamartinière, et la
» direction des études était confiée à un capitaine du
» génie nommé Émy, qui avait à peine trente et un ans.
» Les deux instituteurs principaux (le nom de profes-
» seur ne fut repris que plus tard pour désigner les
» fonctionnaires chargés de l'enseignement) étaient
» Ferry et d'Obenheim : Ferry, ancien membre de la
» Convention nationale, homme d'une grande érudi-

_______________

(1) L'École du génie, d'abord établie à Mézières (Ardennes), avait
été transférée à Metz, dans l'ancienne abbaye de Saint-Arnould. Le
4 octobre 1802, le gouvernement décida que l'École d'artillerie, établie à Châlons-sur-Marne, serait réunie à celle du génie, sous le nom
d'*École d'artillerie et du génie* ; c'est actuellement l'*École impériale
d'application de l'artillerie et du génie.*

» tion, écrivain correct et mathématicien, que l'on
» désignait aussi sous le nom de *Ferry le savant*, pro-
» fessait les cours de sciences mathématiques et phy-
» siques, et d'Obenheim, qui avait été professeur de
» fortification à l'École d'artillerie de Châlons, et qui
» portait le titre d'instituteur d'architecture et de con-
» structions militaires, était chargé d'enseigner la
» fortification. Il faisait peu de leçons, mais il travail-
» lait beaucoup avec les élèves, et leur donnait de
» précieuses instructions sur *l'art du défilement*, qui
» permet de construire les ouvrages de fortification de
» façon que l'on y soit dérobé aux vues de l'ennemi. »

C'est ce même d'Obenheim qui, plus tard, fut employé comme professeur de sciences à l'École d'artillerie de Strasbourg, et auquel Augoyat a consacré une
notice biographique.

Parmi les élèves d'artillerie qui étaient à l'École de
Metz de son temps, il y en eut deux avec lesquels Augoyat se lia plus particulièrement, ce furent : Delort
de la Flotte, sorti un an après lui de l'École polytechnique, et Georges de Chambray, qui était de sa promotion et de la même brigade à l'École polytechnique (1).

-------

(1) Le colonel de la Flotte, retraité en 1839, et officier de la Légion
d'honneur, habite aujourd'hui le château de Sourie près d'Objat
(Corrèze).

Homme d'esprit et de talent, fort distingué d'ailleurs, le marquis de
Chambray s'est retiré du service en 1829 ; il a été admis à la retraite
avec le titre de maréchal de camp honoraire d'artillerie ; il est mort
en 1848. Il a publié l'*Histoire de l'expédition de Russie*, la *Philoso-
phie de la guerre*, et plusieurs autres écrits estimés, sur l'art de la

Augoyat dit en parlant de son ami de Chambray, pour lequel il avait une grande sympathie : « Bien qu'en matière politique mes opinions différassent des siennes, je lui ai conservé mon amitié toute la vie. » Nous pouvons ajouter qu'à la mort de son ami, il reporta son affection sur son fils, lequel se rappelle aujourd'hui avec reconnaissance qu'ayant un jour parlé au colonel Augoyat, dans une conversation intime, des embarras qu'il éprouvait à la mort de son père pour acquitter les droits de succession, en 1848, époque à laquelle l'argent était rare, celui-ci lui offrit, sans hésiter et avec la plus grande générosité, une somme très-importante dont il pouvait alors disposer, mais qui ne fut pas acceptée. Plus d'une fois Augoyat avait agi de même avec ses amis.

« C'était le bon temps alors, nous a-t-il dit souvent, nous étions contents ; notre amitié, fondée sur l'estime que nous avions les uns pour les autres, nous rendait très-heureux ; mai s, enfin, il fallut bien un jour se quitter. »

Dans ce temps, comme aujourd'hui, chaque élève recevait une note à l'École de Metz. Celle que l'on a donnée à Augoyat était ainsi conçue : *Augoyat travailleur très-intelligent, très-instruit et ayant l'esprit de recherche* (1). On ne pouvait rien dire de plus exact ; l'au-

guerre, et dont le *Spectateur militaire* a rendu compte. Sa notice historique, écrite de son vivant, a été insérée dans la *Revue générale biographique et nécrologique*, rédigée par M. E. Pascallet. 1847.

(1) Cette note est inscrite au procès-verbal de la séance tenue, le 5 janvier 1805, par le Conseil de perfectionnement de l'école, Conseil devant lequel les élèves passaient alors leurs examens.

teur de la note avait bien jugé l'homme, et nous verrons, en effet, Augoyat, dans toutes les circonstances de sa longue carrière, faire preuve d'un zèle infatigable, d'une grande intelligence et d'une solide érudition. Grâce à une mémoire remarquable, qu'il savait si bien seconder par son esprit analytique, et à une aptitude toute particulière pour observer et coordonner les faits, et pour en tirer d'utiles conséquences, cette érudition ne pouvait que grandir à mesure que l'homme avançait dans la vie ; et nous le retrouverons, dans ses dernières années, utilisant, au profit de l'arme du génie, cet esprit investigateur et classificateur si bien pressenti par les chefs de l'École de Metz.

Le 31 mars 1806, il est nommé lieutenant en second à la première compagnie de mineurs, avec ordre de se rendre à *Palma Nova*, ville fortifiée de l'ancien royaume lombardo-vénitien. Mais cet ordre ayant été changé, il dut rejoindre un détachement de cette compagnie qui était devant la place de Gaëte, alors assiégée par l'armée française, dite armée de Naples.

Il arriva à sa nouvelle destination au commencement de juin 1806; mais, voilà que le 18 de ce mois, le second jour de son service dans la tranchée, il est blessé grièvement par un biscaïen, pendant qu'il faisait exécuter une sape volante, tracée sur le roc, entre le *Monte Secco* et le faubourg de la ville, opération fort périlleuse, comme on sait, puisque les sapeurs et l'officier du génie qui les dirige travaillent à découvert pendant un certain temps. Les capitaines Baudrand et

Paulin (1), apprenant l'accident grave survenu à leur jeune lieutenant, lui témoignèrent un grand intérêt ; Augoyat fut proposé pour la Légion d'honneur, et fut effectivement décoré le 15 août suivant. Il avait vingt-deux ans ; on peut juger s'il fut heureux.

Une fois rétabli, il fut attaché au service de la place de Naples, où il resta jusqu'en 1807, c'est-à-dire pendant près de deux ans. Le 1ᵉʳ janvier de cette année, il est nommé lieutenant en premier.

A cette époque, un corps de troupes, tiré de l'armée de Naples et commandé par le général de division César Berthier, frère d'Alexandre Berthier, prince de Neuchâtel, fut envoyé à Otrante, sur l'Adriatique, et s'y embarqua pour aller prendre possession des îles Ioniennes, qui, par un article secret du traité de Tilsitt, avaient été cédées de nouveau à la France. Le chef de bataillon Baudrand, deux compagnies de sapeurs et le lieutenant Augoyat faisaient partie de ce corps de troupes. On traversa heureusement l'Adriatique, et l'on arriva à Corfou avant que les Anglais eussent établi leur croisière devant les ports de la Pouille. Les Russes, qui occupaient Corfou, virent avec surprise ces nouveaux hôtes ; mais, enfin, il fallut bien se résigner et, quoiqu'à regret, obéir aux ordres de leur souverain. Augoyat reçut, des mains d'un officier russe, le service du génie de la place de

(1), Le comte Baudrand, général de division, pair de France, grand-croix de la Légion d'honneur, est mort à Paris le 7 septembre 1848.

Le baron Jules Paulin, commandeur de la Légion d'honneur, est général de brigade au cadre de réserve, et habite aujourd'hui Dijon.

Corfou, en fut chargé pendant plusieurs mois, et le remit ensuite à un officier qui était plus ancien que lui et qui arrivait du continent ; de sorte que sa *chefferie* (ou son commandement en chef, comme officier du génie) se borna alors à l'île de *Vido*, qui couvre la belle rade de Corfou, et dans laquelle il fit exécuter tous les travaux qui furent ordonnés pour fortifier cette importante position.

La vie n'était pas toujours couleur de rose, dans ces parages éloignés de la patrie ; mais on était jeune, la besogne ne manquait pas, et le cœur non plus. D'ailleurs, on espérait toujours avoir quelque bonne-chance. A la fin de février, ou au commencement de mars 1808, une escadre française, commandée par l'amiral Ganteaume, et partie de Toulon pour venir ravitailler Corfou, jeta l'ancre dans la rade, et mit à terre, entre autres troupes, une compagnie du génie maritime, qui, chargée de réparer les vaisseaux de l'escadre, resta attachée au service du port de Corfou.

Cette compagnie était commandée par Charles Dupin, ce cher ami d'Augoyat ; on doit penser quelle fut la joie de ces deux camarades en se revoyant ; c'était là du bonheur. Ils demeurèrent sous le même toit, et resserrèrent les liens de cette amitié qui les a unis pendant le reste de leur vie, sans qu'elle ait jamais été troublée par le moindre nuage.

De concert avec d'autres officiers français et quelques hommes distingués qui habitaient Corfou, et qui cultivaient les lettres, ils fondèrent l'académie Ionienne, et Dupin en fut le secrétaire.

Le 1ᵉʳ juillet 1808, Augoyat, qui n'a pas encore vingt-six ans, est nommé capitaine en second et placé dans une compagnie de sapeurs, en garnison à Corfou. En 1809, le général de division Donzelot, ancien chef d'état-major de Desaix, à l'armée d'Égypte, et qui avait remplacé César Berthier dans le commandement des îles Ioniennes, lui donne une mission auprès du pacha de *Bérat*, et le charge, en même temps, de faire la reconnaissance du port de Valone ( ou Avlone ), de l'île de Sasso (ou Sasseno), et de la route qu'il va suivre pour se rendre à Bérat.

Augoyat raconte à ce sujet, dans ses notes, qu'une gabare française, poursuivie par des bâtiments anglais, s'était jetée dans le port d'Avlone et y avait été prise par l'ennemi, après avoir toutefois débarqué les troupes qu'elle portait ; qu'il s'agissait pour lui de rechercher les circonstances de cet événement, et de ramener les troupes à Corfou ; qu'il se rendit donc à *Buthrinto*, situé en face de Corfou, et que, de là, accompagné d'un Tartare, il se dirigea, par terre, sur Avlone, en cheminant péniblement sur les pentes rapides et coupées de ravins profonds, des monts Acrocérames ou Acrocérauniens, chaîne de montagne de l'Épire, au nord-ouest de la côte. Après avoir rempli sa mission auprès du pacha de Bérat, il revint à Corfou avec l'équipage de la gabare, et y fut employé jusqu'en 1813.

Le grand courant d'hommes que Napoléon dirige alors vers l'Allemagne, y entraîne aussi Augoyat, qui quitte Corfou en avril pour se rendre à *Erfurt*, ancienne place forte de la Thuringe en Saxe, place à laquelle la guerre, dans cette contrée, donnait une grande importance.

Là, il se trouve placé sous les ordres d'un officier qu'il avait vu à l'école de Metz, dix ans auparavant, alors qu'il était élève du génie, et dans l'esprit duquel il avait laissé les meilleures impressions. C'est le commandant Émy qui, comme chef du génie dans cette place, est chargé par l'Empereur de la mettre en état de défense. La connaissance du chef et de son subordonné était toute faite ; ils n'eurent qu'à se louer l'un de l'autre. Cette nouvelle rencontre fut, pour tous deux, le point de départ d'une sincère affection qui s'établit entre eux à vingt-cinq ans de là, et qui dura jusqu'à leur mort.

Dans deux notes, datées du 25 et du 26 avril 1813, l'Empereur, qui, avec son coup d'œil sûr et rapide, résolvait les grandes questions d'ensemble aussi aisément que les moindres difficultés de détail, avait, à son passage à Erfurt, traité longuement du système de défense qui devait être appliqué à cette ville, et avait présenté des considérations fort intéressantes sur les rapports des places avec leurs citadelles. Le capitaine Augoyat, dit à ce sujet en parlant de son chef : « Le » commandant Émy, très-versé dans l'art des con- » structions, remplit parfaitement les intentions de » l'Empereur par les travaux qu'il fit exécuter (1). »

(1) Il ajoute : « La deuxième note de l'Empereur est la plus importante, elle approuvait le projet présenté par le commandant Émy, et prescrivait en outre d'autres dispositions. » On en trouve un extrait dans l'ouvrage du général d'artillerie Paixhans : intitulé *Force et faiblesse militaire de la France*, et dans le *Spectateur militaire*, mars 1841.

Vers la fin d'août, Augoyat est envoyé à la Grande
Armée; après la bataille de Dresde, il y rejoint le 14°
corps, commandé par le maréchal Gouvion Saint-Cyr,
à Maxen, situé au sud de Dresde.

Le 7 septembre, il prend part au combat de Dohna,
à l'ouest de Maxen, où fut engagée la 5° division dont
il faisait partie, et qui était commandée par le général
Razout. Enfermé ensuite, dans Dresde, du 17 octobre au 8 novembre 1813, il est fait prisonnier de
guerre, par suite d'une capitulation que le maréchal,
par la nécessité même de la situation, avait été forcé
de conclure avec les généraux ennemis: capitulation
non ratifiée, pour ne pas dire violée (1).

Sorti de Dresde, le 12 novembre, avec la première
colonne de la garnison, colonne dont la marche fut
arrêtée, pendant quelques jours, pour attendre les ré-
solutions du général en chef de l'armée ennemie, Augoyat ne partit que le 3 décembre de Prehlitz, en Saxe,
pour se rendre en Bohême ; le 15 janvier 1814, il entre
à Stuhl-Weissenbourg, ville située au sud-ouest de
*Bude*, en Hongrie ; il y reste prisonnier de guerre jusqu'au 27 mai, jour où il peut enfin se mettre en route
pour la France, qu'il regagne avec joie, après une
absence de neuf années.

Dès sa rentrée, au mois de juin, il est employé à
Besançon, et le 27 janvier 1815, à l'âge de trente-deux
ans, il est nommé officier de la Légion d'honneur.

Mais le temps des fatigues et des émotions n'est pas

_______________

(1) Voir les *Mémoires du maréchal Saint-Cyr*, t. IV, p. 255.

encore passé. L'Empereur a quitté l'île d'Elbe et débarqué au golfe Juan, le 1er mars 1815 ; le 20 mars, il entre à Paris. Son retour inopiné et vraiment triomphal va rallumer la guerre ; Augoyat reçoit l'ordre de se rendre à l'armée du Rhin, commandée par le général Rapp, et composée de trois divisions d'infanterie (les 15e, 16e et 17e), et d'une division de cavalerie. Dans la seconde quinzaine du mois de mai, l'armée se rassemble ; la 15e division, à laquelle Augoyat est attaché, et qui forme la droite de l'armée, est placée d'abord sous les ordres du général Heudelet, ensuite sous ceux du général Rottembourg ; elle prend position derrière les lignes de la Lauter, ou lignes de Wissembourg, et le 16 elle établit son quartier général à Lauterbourg.

Dans cette région montagneuse et coupée de cours d'eau, il était très-important de faire de nombreuses reconnaissances ; aussi, avant le commencement des hostilités, le général Maureillan, commandant en chef le génie, donna, aux officiers placés sous ses ordres, des instructions spéciales sur ce qu'ils avaient à faire, pour explorer les passages des Vosges, par lesquels l'ennemi voudrait tourner les lignes, et pour chercher les moyens qu'on pourrait employer pour défendre ces lignes, soit par des troupes régulières, soit par des partisans ou corps francs.

Les événements qui se sont passés dans cette partie du territoire de l'Empire, après la bataille de Waterloo, étant consignés dans les relations de cette époque, il est inutile de suivre ici le colonel Augoyat dans le récit qu'il nous en a laissé, dans ses notes, en termes simples et précis ; contentons-nous de parler de ce qui le concerne (1).

Pendant que Rapp était hors de Strasbourg, le général Semélé, qui commandait la place, craignit qu'à la rentrée des Bourbons, une trahison ne la livrât à l'ennemi ; il fit donc miner la citadelle, afin de pouvoir la faire sauter, en cas de besoin. On creusa des puits dans les remparts, en arrière des revêtements d'escarpe, et, au fond des puits, on ouvrit des rameaux de mine.

A sa rentrée à Strasbourg, le général Rapp fit mettre à la demi-solde l'officier du génie qui avait dirigé cette opération et le chef du génie de la place qui en avait donné l'ordre. Le premier fut remplacé dans son service à la citadelle, par l'officier du génie de la 15ᵉ division, Augoyat lui-même, qui dut à cette circonstance de ne pas avoir été mis en non activité.

Peu de temps après, Augoyat fut employé comme chef du génie à Lauterbourg, puis à Wissembourg. Dans cette ville, il fit la connaissance du sous-préfet, M. le baron Sers, qui devint l'un de ses amis les plus intimes. « M. Sers, dit le colonel Augoyat, était un » homme aimable, généreux et bon, qui avait toutes » les qualités d'un administrateur habile (2). »

(1) On peut voir le *Journal d'un officier du génie de l'armée du Rhin, en 1815* (au Dépôt des fortifications).

(2) Le baron Sers, en quittant Wissembourg, fut successivement préfet à Colmar, à Aurillac, à Clermont, à Metz et à Bordeaux ; il avait été fait pair de France par Louis-Philippe. Il est mort à l'âge de soixante-quatorze ans, à Paris, en 1862.

La Restauration eut la pensée de chercher à rallier à elle les officiers de l'ancienne armée; elle donna des croix de Saint-Louis, et le 10 décembre 1817, Augoyat, ainsi qu'un certain nombre d'officiers du génie, reçut cette distinction.

En 1818, le maréchal Gouvion Saint-Cyr, ministre de la guerre, fit rendre l'ordonnance royale qui créa le corps d'état-major, corps spécial, composé uniquement d'officiers de différents grades, depuis celui de sous-lieutenant jusque et y compris celui de colonel. Ces officiers, une fois parvenus au grade de capitaine, étaient destinés à remplir les fonctions d'aide de camp et celles qui avaient été dévolues jusque-là aux officiers employés à l'état-major des divisions actives des corps d'armée, et dans les divisions territoriales.

La même ordonnance créait l'École d'application d'état-major établie à Paris, et dans laquelle entraient les élèves de l'École militaire de Saint-Cyr que leur rang de sortie, après deux années d'étude, mettaient à même de choisir le corps d'état-major de préférence à tout autre.

Le ministre confia le commandement de cette nouvelle école à un ancien officier du génie, sorti de l'École polytechnique, M. le général Desprez, qui joignait une solide instruction dans les lettres à la connaissance des sciences mathématiques, et qui avait acquis dans les missions dont on l'avait chargé, pendant les guerres de l'Empire, une grande expérience du service de l'état-major. Le colonel Augoyat, bon juge en pareille matière, a fait connaître son opinion sur le choix du ministre. D'après lui, le général Desprez était l'officier le plus capable de diriger l'instruction de l'école de façon que le nouveau corps pût satisfaire à tout ce qu'on allait exiger de lui. Secondé par des officiers fermes et intelligents, qu'il savait choisir, il ne pouvait que se distinguer dans ce poste éminent.

Parmi les officiers qui prêtèrent si bien leur concours au commandant de l'école, Augoyat se plaisait à citer le chef d'escadron d'état-major Maissiat, qui était professeur de topographie, et le chef de bataillon Amédée Caminade, qui fut l'un de ses amis les plus chers. « Caminade, disait-il, unissait la fermeté de caractère » à une grande égalité d'humeur et à des formes » polies qui rendaient toujours son autorité respecta- » ble, quoiqu'il fût sévère (1). »

Le général Desprez, qui avait connu le capitaine Augoyat à l'armée de Naples, en 1806, le désigna au ministre de la guerre pour occuper l'emploi de professeur de fortification. Les cours de l'École devaient commencer en 1819; le général présenta alors les professeurs au ministre, qui fit un accueil tout particulier à ceux qui étaient auteurs de quelque ouvrage (bon ou mauvais, ajoute malicieusement Augoyat). Le général Desprez en fit le sujet d'une observation, et il sourit un peu de ces témoignages de bienveillance, très-flatteurs sans doute pour ceux qui en étaient l'objet, mais qui étaient inutiles dans ce cas, surtout

(1) M. Caminade, général de brigade du cadre de réserve, habite actuellement Versailles.

de la part d'un homme aussi haut placé et qui jouissait d'une si grande considération.

« C'est peut-être à cette circonstance, dit Augoyat, que je dois de m'être fait auteur. » Mais si l'on considère un moment son caractère et son goût pour l'étude, on sera bien plutôt porté à croire que la paix, qui allait laisser aux officiers studieux le temps de s'occuper des travaux de l'esprit, lui fournirait, de même qu'aux autres officiers de talent, l'occasion de se distinguer aussi par ses écrits ; il s'engage donc tout naturellement dans cette voie, et nous le voyons, après avoir mené jusqu'alors une vie des plus agitées, lui qui s'est montré actif et résolu dans le service des armées, employer désormais tranquillement tous ses loisirs à des écrits sérieux sur l'art militaire. Il entre en quelque sorte dans une nouvelle phase de son existence, qui n'est ni moins belle ni moins bien remplie que la première ; il se livre alors avec ardeur, et pour ainsi dire sans discontinuer, à ses travaux de prédilection, qui sont pour lui la source de grandes jouissances, et qui lui ont acquis une belle réputation comme écrivain militaire.

Il débute en publiant un mémoire sur l'*Effet des feux verticaux proposés par Carnot*. « Ce mémoire, dit-il, attira l'attention par son titre et eut quelques succès ; » nous pouvons ajouter que ce fut un livre remarquable. — Quelque temps après, il trouva encore une autre occasion d'écrire, mais ce fut dans une circonstance fort triste pour lui. L'école venait de perdre le commandant Maissiat, mort le

4 août 1822 ; Augoyat, qui était son collègue et son ami, lui consacra une longue notice dans laquelle il sut exprimer, avec sa bienveillance et sa sincérité na-turelles, les talents du professeur de topographie de l'école, et les qualités de l'homme qu'il regrettait.

L'art de représenter les terrains devait beaucoup à cet officier distingué, qui avait introduit l'usage des courbes horizontales ou courbes de niveau, employées dans le figuré du terrain, partie de la topographie dans laquelle il excellait ; il avait perfectionné la bous-sole, et avait acquis à juste titre une grande réputa-tion comme topographe.

Maissiat était l'auteur de plusieurs instructions fort utiles sur l'art des levers ; il avait mérité, en 1810, pour ses cartes topographiques des quatre départements réunis de la rive gauche du Rhin, le prix décennal de topographie fondé en 1809. On peut dire de lui, que son amour pour la science et son zèle dans le service, furent la cause de sa mort (1).

Pendant qu'Augoyat était à l'École d'état-major, il rencontra, à Paris, un grand nombre d'officiers du génie, qui paraissaient heureux de se trouver en rela-tion avec lui. Parmi ces officiers, il s'en trouva un dont il se rapprocha tout particulièrement. « Sa ma-» nière simple, dit-il, son esprit aimable, son instruc-» tion et la rectitude de son jugement m'attirèrent » vers lui. » Cet officier était le capitaine Vaillant,

(1) Le fils aîné du commandant Maissiat est général de division, grand-officier de la Légion d'honneur, et commande aujourd'hui la 3e division militaire.

alors aide de camp du général de division Haxo, et, qui est aujourd'hui maréchal de France.

Le capitaine Vaillant s'était chargé de revoir les épreuves de la seconde édition du *Mémorial de fortification de Cormontaingne*, édition à laquelle Augoyat travaillait alors; c'était au commencement de 1823. De son côté, Augoyat lui communiquait avec plaisir divers renseignements, fruits de ses études, et qui étaient relatifs au *Traité des ponts militaires du général anglais Howard Douglas*, ouvrage dont le capitaine Vaillant avait fait une traduction, livrée à l'impression, et dont il remit un exemplaire à Augoyat, le 23 janvier 1824, avec une lettre de remercîment pour les notes qu'il lui avait procurées.

A partir de cette époque, Augoyat entretint une correspondance assez suivie avec le capitaine Vaillant, qui, devenu plus tard son supérieur, ne cessa de lui témoigner la plus grande estime.

En 1823, le gouvernement de Louis XVIII entreprit la guerre d'Espagne au profit de Ferdinand VII, prince de la famille des Bourbons que le roi de France voulait raffermir sur le trône. Une armée de 100 000 hommes, commandée par le duc d'Angoulême, entre dans la Péninsule.

On n'est pas à court d'officiers capables; il y en a encore beaucoup qui ont appris leur métier à la grande guerre, cette école pratique de l'Empire, qui n'est fermée que depuis sept ans. Mais le ministre connaît assez bien son monde pour aller prendre le capitaine Augoyat dans la chaire de professeur à l'École d'état-major ; et voilà qu'Augoyat interrompant tous ses travaux, part au mois d'août 1823, pour aller servir, dans son arme, au siége de Pampelune, siége que va faire le 5ᵉ corps d'armée commandé par le maréchal Lauriston.

Il arrive à Bayonne le 16 août ; le colonel du génie Lafaille, chef d'état-major du génie du 5ᵉ corps, le charge d'organiser et de faire partir, dans le plus bref délai, le parc de siége du génie. Tout le matériel se trouvait dans les magasins de la place de Bayonne. Les prolonges, ou voitures de transport, étaient rassemblées près du château de *Marac*. Muni d'une copie de l'état du changement des prolonges, et habilement secondé par le capitaine du génie Dhauteville (1), il fait partir le parc du génie le 21 août, assez tôt pour qu'il puisse aller passer la nuit à Saint-Jean de Luz ; le 25, le parc arrive à Berrio-Plano, devant la place de Pampelune.

Voici comment Augoyat rend compte sommairement du siége de Pampelune. « Cette ville est située sur un » plateau dont le pied est baigné au nord par l'Arga. » La place laisse, au sud, un vaste espace (de 800 mè- » tres environ de longueur), qui est séparé des monta— » gnes par un vallon large et profond, très-propre à » servir de dépôt de tranchée. Il y a une citadelle de » forme pentagonale, et dont le front tourné au nord

(1) Le capitaine Dhauteville, dont il est ici question, est aujourd'hui général de brigade au cadre de réserve, et député au Corps législatif.

» est le plus important, mais aussi le plus faible de la
» place. Ce défaut fut remarqué par le général Garbé
» qui commandait le génie de l'armée de siége, et par
» le colonel Lafaille; en conséquence, il fut résolu
» qu'on attaquerait la citadelle.

   « Le 3 septembre, on enlève tous les postes exté-
» rieurs occupés par l'ennemi, et l'on s'y établit. Les
» capitaines du génie Vieux et Bizot (1), longtemps
» avant l'arrivée des troupes devant la place, avaient
» fait les reconnaissances préparatoires pour l'ouver-
» ture de la tranchée, pris les prolongements des faces
» d'ouvrage, et mesuré les distances des saillants à
» divers points du vallon; en un mot, ils avaient dressé
» le *plan directeur des attaques.*

   » Dans la nuit du 10 au 11 septembre, on ouvrit la
» tranchée, et l'on fit à la sape volante une première
» parallèle à la distance de 400 à 450 mètres du che-
» min couvert. La nuit était sombre et le temps très-
» pluvieux; malgré ces circonstances défavorables, au
» jour on était à couvert dans la tranchée. Les nuits
» suivantes, on fit les batteries qui, construites dans
» un terrain pierreux, exigeaient 100 hommes de
» travail. La cinquième nuit (du 14 au 15), on les
» arma, et le 15 au soir, les officiers du génie firent
» porter, sur le revers de la tranchée, les gabions

---

(1) Les deux officiers du génie, qu'Augoyat cite ici, méritent une
mention particulière. Le capitaine Vieux, officier intrépide, a été tué
en 1837 à l'assaut de Constantine; le général Bizot a été tué le
10 avril 1854, dans la tranchée, au siége de Sébastopol, où il commandait en chef le génie.

» nécessaires aux cheminements qu'on devait entre-
» prendre.

» Le 16, à la pointe du jour, l'artillerie de nos bat-
» teries commença le feu, et en six heures de temps
» éteignit celui de l'ennemi, incendia plusieurs mai-
» sons dans la ville, et lança des bombes sur le maga-
» sin à poudre de la citadelle, qui cependant ne fut pas
» endommagé. Ce même jour, l'ennemi arbora le
» drapeau constitutionnel, et le lendemain la capitu-
» lation fut signée.

» Cette prompte reddition d'une place régulièrement
» fortifiée s'explique sans doute par la marche rapide
» des événements politiques qui rendaient inutile une
» plus longue résistance. »

Comme toujours, le capitaine Augoyat avait fait son
devoir pendant ce siége, et le 23 octobre il est nommé
chef de bataillon. Mais cet avancement, bien justifié,
ne doit pas changer sa position ; il rentre à Bayonne
le 8 décembre avec le parc de siége, et en 1824 il est
rendu à ses fonctions de professeur de fortification, à
l'École d'application d'état-major.

Ces fonctions lui plaisaient infiniment ; il aimait à
s'entretenir avec les jeunes officiers, auxquels il parlait du métier avec cette autorité que donnent le savoir
et l'expérience. Sans ambition d'aucun genre, rejetant
avec une sorte de puritanisme tout ce qui pouvait res-
sembler à une sollicitation en sa faveur, il eut volon-
tiers attendu le moment de sa retraite dans cette position, et il fallut presque lui faire violence pour qu'il

acceptât un avancement qui pouvait lui faire craindre d'être enlevé à ses chers élèves.

Le 24 août 1838, après quinze ans de grade, il est nommé lieutenant-colonel; c'est un long bail, l'avait-on oublié? Mais l'ambition ne le tourmente pas, il est absorbé dans ses études; aussi, nous verrons plus tard quelle grande quantité de bons écrits il a laissés comme fruit de son travail pendant sa carrière dans le professorat.

Le baron de Férussac, chef d'escadron d'état-major et professeur à l'École d'application de ce corps, de 1819 à 1824, avait fondé, en 1823, le *Bulletin général des sciences et de l'industrie*, publication fort intéressante, qui comprenait huit sections consacrées à autant de connaissances distinctes. Augoyat fournissait à ce recueil périodique des articles pour la première section intitulée : *Bulletin des sciences mathématiques et physiques*, et pour la huitième section ou *Bulletin des sciences militaires*. Ces articles consistaient en compte-rendus et analyses d'ouvrages, et dans des notices biographiques. Connaissant particulièrement Férussac, son ancien collègue à l'École d'état-major, et son collaborateur dans le *Bulletin des sciences et de l'industrie*, il eut, en 1827, l'occasion de rendre un service au capitaine du génie Poncelet, qui était alors professeur de mécanique à l'École d'application de l'artillerie et du génie à Metz, et qui depuis plusieurs années s'était fait une grande réputation comme géomètre.

Il fut assez heureux pour intervenir avec succès et conformément au désir du capitaine Poncelet, dans un débat relatif à une question de priorité et de publicité concernant les travaux scientifiques de cet officier, débat qui avait été amené par la manière d'agir de M. Gergone rédacteur des *Annales de mathématiques de Montpellier*, et de M. de Férussac lui-même envers M. Poncelet.

Ce service, dont M. le général Poncelet a conservé le souvenir, a été l'origine, sinon la cause, de l'intimité qui s'est établie entre Augoyat et l'illustre savant (1).

MM. les généraux Fririon, Lamarque, Pelet, Haxo et Valazé fondèrent, en 1826, une nouvelle publication désignée sous le nom du *Spectateur militaire*, et qui avait pour but de faire connaître tout ce qui pouvait être utile au perfectionnement de l'art militaire ou contribuer à soutenir la gloire de la France.

Encouragé par le suffrage des illustres généraux du génie que nous venons de citer (Haxo et Valazé), Augoyat voulut être, dès l'année 1828, l'un des rédacteurs de cette importante publication. Il continua jusqu'en 1863, c'est-à-dire pendant trente-cinq ans, à lui fournir gratuitement des articles fort intéressants

(1) Tout le monde connaît aujourd'hui M. le général du génie Poncelet, grand-officier de la Légion d'honneur et membre de l'Académie des sciences. Dans son dernier ouvrage, publié en 1864, sous le titre : *Applications d'analyse et de géométrie*, t. II, il fait savoir (p. 529), au sujet du débat dont nous parlons, que MM. Gergone et de Férussac ne tinrent compte de ses protestations que tardivement, et lorsqu'ils y furent contraints par les instances de son excellent et honorable ami le savant et modeste colonel Augoyat.

qui consistaient en notices sur les officiers généraux du génie, et en analyses et compte rendus d'ouvrages relatifs à l'art militaire en général et à la fortification en particulier.

Augoyat disait en parlant de sa coopération au *Spectateur militaire :* « Je prenais goût à ce travail qui me » faisait connaître l'histoire du corps auquel j'appar— » tenais et ne m'empêchait cependant pas de remplir » mes fonctions de professeur, et de me livrer encore » à mes études de prédilection sur l'art de l'ingé— » nieur. »

Admirateur passionné de Vauban, qui fut à la fois le plus grand ingénieur qui ait jamais existé, et l'un des hommes les plus éminents de son temps, Augoyat s'applique à répandre et à faire apprécier les œuvres de cette grande illustration de l'arme du génie.

Parmi les nombreux ouvrages qu'il a faits, lorsqu'il était à l'École d'état-major, nous devons citer ici la nouvelle édition de l'*Essai général de fortification de Bousmard*, qu'il a publiée en 1837, parce que ce livre lui valut alors une distinction toute particulière de la part de l'empereur de Russie. Un exemplaire de cet ouvrage fut présenté au grand-duc Michel par un Français, M. Bazaine, ingénieur distingué qui, passé en Russie du temps du premier empire, y a obtenu le grade d'inspecteur général des voies de communications. A cette occasion, l'empereur de Russie a envoyé au commandant Augoyat, comme témoignage d'estime et de haute considération, la croix de l'ordre de Sainte-Anne de 2ᵉ classe.

Le 15 juillet 1842, il est nommé commandant en deuxième de l'École d'application de l'artillerie et du génie, à Metz ; c'est avec regret qu'il quitte un emploi qu'il aimait tant et qu'il remplissait avec une si grande distinction.

Nous sommes heureux de retrouver l'ordre du jour, en date du 20 juillet, par lequel M. le général Aupick, commandant l'École d'état-major, fait connaître à cette école le changement survenu dans la position d'Augoyat ; le voici :

« M. le lieutenant-colonel Augoyat, professeur de for-
» tification à l'École d'état-major, est appelé aux fonc-
» tions de commandant en second de l'École d'appli-
» cation de l'artillerie et du génie, à Metz ; vingt-quatre
» années consacrées à l'instruction des élèves du corps
» d'état-major lui donnent droit à la reconnaissance
» du corps entier ; bon et loyal camarade, collabora-
» teur éclairé, conseil judicieux, il emporte les re-
» grets de toute l'École et particulièrement ceux du
» général.

» Au nom de l'École et de tous les officiers, ses an-
» ciens élèves, le général lui exprime les vœux sincères
» qu'ils forment pour que, dans les nouvelles fonctions
» qui lui sont confiées, il reçoive bientôt la récompense
» due à ses honorables services. »

Dans cette longue période de sa vie, consacrée à l'enseignement, il avait vu 480 élèves assister à ses le-çons. C'était le corps d'état-major tout entier.

En nous donnant récemment communication de cet ordre du jour, M. le lieutenant-colonel de Linage, qui est actuellement directeur des études à l'École d'état-major, et qui fut l'un des élèves du colonel Augoyat, et plus tard son adjoint, a tenu à se faire encore une fois l'interprète des sentiments de haute estime et de véritable vénération que cet excellent homme a inspirés à tous les officiers d'état-major pendant son long séjour à l'École.

La nouvelle tâche qui incombait au lieutenant-colonel Augoyat était lourde ; il fallait, à la fois, comme commandant en second de l'École de Metz, assurer l'ordre dans ce grand établissement qui comporte un personnel nombreux et un matériel considérable, maintenir la discipline parmi les élèves ; puis, comme directeur des études, diriger l'instruction compliquée qu'on y donne, dans les sciences militaires et dans les exercices pratiques ; enfin, comme président du conseil d'administration, veiller à l'exécution des règlements sur la comptabilité et suivre de près toutes les parties du service administratif de l'École.

Cette grande besogne ne fut pas au-dessus des forces et des facultés de celui qu'on en chargeait, et le corps du génie se rappellera toujours avec satisfaction le passage du colonel Augoyat dans ce poste difficile.

La tranquillité de l'École avait été troublée, pendant les années 1840 et 1841, par l'indiscipline des élèves ; M. le général de brigade du génie baron Prétet, homme ferme et capable, et malheureusement mort presque aussitôt après son arrivée à l'École, comme commandant en chef, avait dû montrer une grande sévérité ; mais il y

avaitr amené le calme, de sorte qu'en 1842, sous les ordres de M. le général de brigade d'artillerie baron Pron,
qui avait succédé au général Prétet, l'École était fort
tranquille. Elle devait se maintenir dans cette voie ; le
général Pron avait la main vigoureuse, une certaine
résolution dans l'esprit et l'habitude du commandement.
Augoyat, qui savait aussi ce que c'est qu'une École,
eut bientôt arrêté son plan de conduite et fixé son jugement sur le personnel qu'il avait sous ses ordres. « L'É-
» cole, dit-il, marchait bien ; elle renfermait, il est vrai,
» de bons officiers d'état-major et de bons professeurs
» qu'il me suffira de nommer ; parmi les officiers de
» l'état-major, il y avait le commandant du génie Guéry,
» le capitaine d'artillerie Larchey (1) et le capitaine du
» génie Jourjon (2) ; parmi les professeurs, dans le génie,
» le capitaine de Contentin, chargé du cours de fortifica-
» tion permanente ; son adjoint, le capitaine du génie de
» Faultrier, et le capitaine Michon, professeur de cons-
» tructions ; puis, dans l'artillerie, le capitaine Émy, pro-
» fesseur de sciences appliquées ; le capitaine Didion,
» professeur du cours d'artillerie, qui est devenu gé-
» néral de brigade, et son adjoint, le capitaine Virlet ;
» et cependant, ajoute Augoyat, l'École n'était pas en
» faveur au comité des fortifications, ni au bureau du

(1) M. Larchey est aujourd'hui général de division et grand-officier
de la Légion d'honneur. Aussi distingué par son savoir et par ses talents
militaires que par ses qualités personnelles, il s'est acquis l'estime et
l'affection de toute l'artillerie.

(2) M. le colonel Jourgon, que M. le maréchal Niel, dans un rapport à l'Empereur, a qualifié d'*officier accompli*, a été tué à la bataille
de Solférino, où il commandait en chef le génie du 4e corps.

» génie, au ministère de la guerre. Je m'attachai, par
» mes rapports officiels et par ma correspondance par-
» ticulière avec M. le colonel d'Artois, secrétaire du
» comité, à bien faire connaître l'École et les services
» que rendaient les officiers d'état-major et les profes-
» seurs; je parvins à modifier l'opinion que l'on en
» avait conçue. »

Le colonel Augoyat, homme instruit, travailleur
intelligent, avait fait un examen sérieux de cette école ;
il en connaissait les besoins et les ressources ; il avait
suivi de près les officiers dans les diverses parties du
service et de l'enseignement, avait lu tous les cours, les
avait comparés aux programmes, et avait compris
que, dans un établissement de ce genre, où les chefs,
les officiers d'état-major et les professeurs doivent être
des hommes instruits et choisis tout exprès, il fallait
leur tenir compte de l'accomplissement d'une tâche
aussi difficile; il gémissait de voir quelques-uns de ses
subordonnés oubliés comme ils l'étaient ; aussi, fut-il
ardent à défendre les intérêts de tous ces officiers, et
ce fut avec un vif regret qu'on le vit quitter l'École à
laquelle il a fait tant de bien. Le 29 janvier 1843,
il est promu au grade de colonel, et le 14 avril
1844, il est nommé commandeur de la Légion d'honneur.

Au mois de juin, en vertu de l'ordonnance royale du
21 avril 1844, qui admettait le colonel Augoyat à la
retraite, par limite d'âge, il cessa ses fonctions et revint
à Paris, emportant avec lui les regrets de toute l'É-
cole.

Voici en quels termes M. le général Pron s'exprimait au nom de l'École, quand il lui fit ses adieux :

« Le général regrette vivement que M. le colonel
» Augoyat soit enlevé sitôt aux fonctions qu'il remplis-
» sait avec tant de distinction et avec un zèle au-dessus
» de tout éloge. Ces regrets sont partagés par les offi-
» ciers d'état-major de l'École, par les professeurs et
» par les élèves qui perdent aujourd'hui un digne
» chef, aimé et respecté de tous. »

Malgré ses soixante ans, Augoyat n'avait rien perdu de sa force ; il possédait surtout une grande vigueur d'esprit, que le corps du génie ne manqua pas d'utiliser. Aussi, dès le 16 novembre 1844, sur la proposition de M. le général de division, vicomte Dode de la Brunerie, qui était alors président du comité des fortifications, et qui connaissait bien ce que l'on pouvait encore demander de bons services à cet intelligent et infatigable travailleur, le ministre de la guerre le nomma *archiviste du Dépôt des fortifications*.

Ces nouvelles fonctions comprenaient le service de la bibliothèque, dont il dut s'occuper tout d'abord par suite du décès de la personne qui en était chargée. Voici ce qu'il nous dit à ce sujet :

« Il n'y avait pas de catalogue ; les employés de la
» bibliothèque étaient souvent distraits de leur service
» pour coopérer à l'exécution d'autres travaux. » C'est ainsi que M. Bret, employé intelligent et laborieux s'était occupé à dresser un état général des officiers du corps du génie depuis Vauban, avec indication de leurs *noms, prénoms, dates de naissance* et *services dé-*

*taillés, année par année,* travail qui est resté inachevé. Un autre employé, M. Tremel, qui avait beaucoup d'instruction, qui savait parfaitement décrire un livre, (qualité précieuse en pareil cas), et qui est mort en 1832, après un séjour de vingt-quatre ans à la bibliothèque, n'avait pu, quoique très-laborieux, trouver le temps de faire le catalogue de cette bibliothèque.

Cependant, comme il avait toujours parfaitement tenu le *registre des entrées*, le colonel Augoyat put, au moyen de ce registre, rédiger, en deux années, un catalogue qui sert encore aujourd'hui, bien qu'il ne l'ait considéré que comme un travail provisoire.

Mais en appelant le colonel Augoyat au Dépôt des fortifications, on avait eu particulièrement en vue le *classement des archives.*

Quelques mots à ce sujet ne seront pas inutiles pour faire sentir l'importance et les difficultés que présentait ce travail.

Le commandant Hyacinthe Boucher de Morlaincourt, lequel, en qualité de directeur du Dépôt des fortifications en 1802, avait fait un inventaire raisonné des archives, fut nommé, en 1806, directeur des fortifications à Gênes, et remplacé dans ses fonctions par Advenier, capitaine du génie.

Celui-ci, à son tour, fut remplacé, en 1808, par le chevalier Allent, qui cumula les fonctions de secrétaire du Comité des fortifications et de directeur du Dépôt. Le 8 février 1810, cet officier fut en outre attaché au conseil d'État, comme maître des requêtes. Aussi, quelle que fût sa facilité pour le travail, il lui fut impossible de suffire à tout; il ne put remédier au défaut capital que présentaient les inventaires qu'on avait dressés jusqu'alors, et qui consistait en ce que les plans, à cause de leurs grandes dimensions, ne pouvaient être réunis aux mémoires auxquels ils se rapportaient et ne s'y trouvaient rattachés par aucun numéro d'ordre ou toute autre indication.

Cette partie essentielle du service avait déjà fixé l'attention de M. le colonel d'Artois, en 1836, dès son entrée en fonctions comme secrétaire du Comité et directeur du Dépôt.

A cette époque, il existait une quantité considérable de mémoires et de plans qui provenaient des places étrangères et des papiers trouvés chez les officiers du génie, au moment de leur décès, et qui attendaient qu'on pût en faire le classement.

Augoyat, à son arrivée aux archives, reconnut la nécessité qu'il y avait de faire de nouveaux inventaires dans lesquels tous ces documents seraient compris; il avait accepté ces nouvelles fonctions avec joie, elles étaient tout à fait dans ses goûts, et ce genre d'étude lui convenait parfaitement. Il se met dònc à l'œuvre avec ardeur; il examine, il classe, il inventorie avec soin tous les mémoires et tous les documents, si nombreux et si intéressants, que possède le Dépôt des fortifications.

C'est à ce travail considérable, véritable œuvre de bénédictin, qu'il a consacré dix-huit années de sa vie, car il ne l'a pas interrompu lorsqu'il a été nommé conservateur de la galerie des plans-reliefs des places fortes, intéressante et magnifique collection, qui est une dépendance du Dépôt des fortifications, se trouve enfermée dans les combles de l'hôtel impérial des Invalides, et que le public désigne souvent sous le nom de *musée des Invalides*.

En prenant la direction de ce nouveau service, le 9 mai 1848, il succédait au lieutenant-colonel du génie Audé, qui en avait été chargé depuis 1838, et qui fit faire les beaux reliefs de *Grenoble*, du *fort l'Écluse*, du *Mont-Valérien* et du *front moderne de fortification*, exécuté d'après les idées de M. le général de division Noizet, et qui est adopté pour l'enseignement de la fortification permanente à l'École de Metz.

Le colonel Augoyat cite M. Toussaint Boitard, le remier topographe de la galerie, comme ayant tout particulièrement secondé le colonel Audé dans ses travaux.

Sous la direction d'Augoyat, de 1848 à 1864, la galerie s'est enrichie des plans de l'*attaque de Rome*, en 1849, des places de *Verdun*, *Laon* et *Toul* ; du modelage des reliefs des Rousses, place forte du Jura, et des additions qu'on a faites aux reliefs de Sedan, de Marsal et du fort de Joux, ainsi qu'au relief du fort de Bitche, auquel on a ajouté la nouvelle enceinte de la ville, construite d'après le projet du général Bizot ; on a restauré le grand plan-relief de Strasbourg ; on y a mis le chemin de fer et le pont de fer sur le Rhin. Enfin, on a fait en 1854, à l'échelle du deux centième (1/200ᵉ), pour l'École d'application, à Metz, un plan-relief des attaques de la fortification moderne enseignée dans cette école.

Tous ces travaux ont été exécutés sous la direction immédiate de M. Leymonerie, premier topographe de la galerie, qui, en 1857, a rédigé un *Mémoire sur la construction des plans-reliefs des places fortes;* et comme les procédés employés dans la construction et dans la décoration des plans de ce genre ne sont généralement pas connus, le colonel Augoyat pensait que ce travail, qui est entièrement neuf et qui offre beaucoup d'intérêt, méritait les honneurs de l'impression.

On enseigne, dans les cours de topographie, comment on parvient à représenter sur le papier les formes du terrain et les détails qui se trouvent sur le sol ; et nous croyons qu'il y aurait aussi quelque intérêt à faire connaître la solution du problème inverse, et à décrire les procédés à l'aide desquels on peut, au moyen d'une carte topographique, construire en relief, à une échelle déterminée, tous les détails et les formes ondulées et accidentées de la contrée que cette carte représente.

Du reste, ce mémoire a valu à son auteur un témoignage de satisfaction du ministre de la guerre, en 1861, et, de plus, la décoration de la Légion d'honneur, qui lui a été accordée, sur la proposition de M. le général de division président du comité des fortifications.

Le 22 novembre 1857, le maréchal Vaillant, ministre de la guerre, adressa au colonel Augoyat une lettre que nous ne voulons pas passer sous silence :

« Mon cher colonel, M. le général Charron m'a fait con-
» naître, dans son rapport d'inspection du Dépôt des for-
» tifications, que vous vouliez bien continuer à donner à
» cet établissement, en dehors de votre service ordinaire,

» un précieux concours pour le classement des archives,
» et que vous déployez, dans cet important travail, le
» zèle et le dévouement qui vous ont constamment
» animé dans votre longue et honorable carrière. Je
» suis heureux de saisir cette nouvelle occasion pour
» vous donner un témoignage de toute ma satisfaction.

» Signé : VAILLANT. »

C'est vers la même époque que le maréchal Vaillant a engagé le colonel Augoyat à publier un *Aperçu historique sur les fortifications, les ingénieurs et les officiers du génie*, ouvrage capital qui devait embrasser une période de cinq cent vingt ans, de 1284 à 1804.

Dans une visite que le roi de Hollande a faite à l'hôtel impérial des Invalides, en janvier 1862, Sa Majesté a donné, à plusieurs fonctionnaires de ce grand établissement, la décoration de son ordre de la couronne de Chêne; le colonel Augoyat, bien que ne faisant pas partie du personnel des Invalides, reçut la croix de commandeur. Cette distinction était bien méritée.

Lorsqu'il fut appelé à l'emploi de conservateur de la galerie des plans-reliefs, au mois de mai 1848, le colonel Augoyat vint occuper, avec sa sœur, à l'hôtel impérial des Invalides, l'appartement qui est affecté à ce fonctionnaire, près de la galerie et des ateliers. C'est là que dans une chambre modeste, mais moins modeste pourtant qu'au début de sa carrière, au milieu de ses livres, qui étaient toujours pour lui de vrais amis, s'abandonnant aux bons soins d'une sœur tendrement aimée et qui lui rendait affection pour affection, il passe les seize dernières années de sa vie, travaillant sans cesse comme autrefois.

Il vivait heureux dans cette position, qui devait être la dernière étape de cette longue et honorable existence. Tout en donnant ses soins assidus aux travaux intéressants qu'on exécutait dans les ateliers de la galerie des plans-reliefs, il trouvait des loisirs qu'il consacrait à ses études favorites.

Il avait eu le bonheur de rencontrer, sous le même toit, parmi les fonctionnaires attachés à l'hôtel des Invalides, de bons amis qui avaient pour lui ce respectueux et sincère attachement que commande une belle vieillesse, une vie honnête et d'éminentes qualités. Il était l'âme de leurs réunions intimes; il les charmait par l'originalité de son caractère, par son esprit vif et gai comme au jeune âge, et par l'égalité de son humeur; animant la conversation par le récit piquant des événements dont il avait été le témoin, et qui tous étaient restés gravés dans sa mémoire; sa critique délicate, spirituelle et malicieuse, sans méchanceté, ne blessa jamais personne, car il était la bonté même.

Mais, un jour, le calme de cette vie si douce fut profondément troublé. Un grand malheur vint frapper cet excellent homme dans l'une de ses plus chères affections. Il perdit sa sœur bien-aimée, plus jeune que lui, et à laquelle il s'était réuni depuis un grand nombre d'années.

M<sup>lle</sup> Augoyat, aussi distinguée par le cœur que par l'intelligence, était à la hauteur de son digne frère. Sa

bonté, son esprit, son instruction solide, la mâle vigueur
de ses conseils, la justesse de ses appréciations, la no-
blesse de ses sentiments et son véritable patriotisme
l'eussent assurément placée au nombre des femmes les
plus remarquables, si elle eût été plus en évidence;
mais, si les circonstances ne l'avaient pas mise en position d'acquérir une célébrité que, d'ailleurs, elle ne
cherchait pas, elle a pu, du moins, répandre autour
d'elle ce bonheur calme et cette douce satisfaction qui
font le charme de l'intérieur des familles. Elle ne pouvait donc manquer de partager avec son excellent
frère la respectueuse affection qu'il inspirait.

On peut bien se figurer ce qu'il y avait de délicieux
dans cette existence du frère et de la sœur, si bien faits
pour se comprendre; aussi, la mort de M$^{lle}$ Augoyat
fut-elle pour le pauvre colonel un terrible coup. —
Qu'allait-il devenir ? Sa vie était brisée. Pendant longtemps l'on put craindre que cette perte cruelle n'influât
sur sa santé.

L'étude devait être encore une fois son refuge et sa
consolation; et c'est là le propre des hommes possédés
par l'amour du travail, qu'ils retrouvent souvent le
calme de l'esprit en s'absorbant dans les recherches
qu'exige l'œuvre qui les occupe. Mais si cette espèce
de passion a pour eux bien des charmes, on peut dire
aussi qu'elle est profitable aux personnes qui les entourent; car l'homme studieux est rarement maussade
ou grondeur.

Depuis longtemps il travaillait avec assiduité à son
*Aperçu historique sur les fortifications;* après la perte

qu'il venait de faire, son ardeur redoubla. Mais les forces physiques ne pouvaient plus que s'affaiblir ; les recherches qu'il dut faire dans un grand nombre de manuscrits, dont l'écriture n'était pas toujours facile à lire, la nécessité où il était de chercher sur des cartes géographiques, souvent mal imprimées et fort embrouillées, les noms des villes et des lieux qu'il devait citer dans son livre, et qu'il tenait à transcrire correctement, l'obligeaient à se servir fréquemment d'une loupe, et sans doute il en fit abus. D'ailleurs, il écrivait souvent le soir, à la lumière, et sa vue, naturellement affaiblie par les années, ne put résister à un pareil travail.

Heureusement, il arrivait au but qu'il s'était proposé d'atteindre. Au commencement de l'année 1864, il terminait le troisième et dernier volume de cette œuvre remarquable, histoire intéressante dans laquelle il raconte et apprécie, en un style clair et précis, les événements auxquels ont pris part les officiers du corps du génie, et fait connaître ces officiers eux-mêmes ainsi que les services qu'ils ont rendus.

Il était temps, car sa vue, de plus en plus affaiblie, ne lui permettait plus de se livrer que bien péniblement à ses lectures favorites qui avaient tant contribué à orner son esprit. Quelques mois encore, et ses amis ont la douleur de le voir complétement aveugle. Il ne peut plus rien faire par lui-même, mais il éprouve toujours un grand plaisir à s'entretenir avec les personnes qui approchent de lui.

Son caractère doux et calme n'est pas changé. Comme le sage, il voit sans crainte sa fin approcher ;

il n'oublie personne dans les témoignages de son affection. Les employés placés sous ses ordres étaient pour lui des amis, et il les regardait comme des membres de sa famille. Aussi, quelque temps avant sa mort, tout préoccupé de ceux qui ont des titres à l'avancement, il établit en leur faveur des mémoires de proposition dans les termes les plus chaleureux.

Le dimanche 7 août 1864, quatre jours seulement avant la mort du colonel Augoyat, M. le colonel du génie Genet, qui par sa position au Dépôt des fortifications, comme secrétaire du Comité, s'est trouvé depuis plusieurs années en relation avec cet excellent homme, et, qui l'a si bien apprécié, eut le plaisir de lui faire encore une visite qu'il voulait abréger pour ne pas le fatiguer. Le colonel Augoyat, dans cet entretien qu'il semblait prolonger avec plaisir, se mit à parler de beaucoup de choses du passé et du présent ; il le fit avec sa lucidité d'esprit habituelle et cette prodigieuse mémoire que nous lui connaissions. Comme toujours, il s'exprima avec cette grande facilité qu'il devait à la netteté de ses idées sur les questions qu'il abordait. Il semblait même que les expressions exactes et les mieux choisies lui arrivaient encore plus aisément et avec plus d'à-propos que de coutume, tant son esprit était calme et libre des préoccupations que l'état alarmant de sa santé aurait pu lui donner.

Ce cher malade, plus qu'octogénaire, touchait à ses derniers moments. Une tumeur intestinale avait pris très-rapidement un développement considérable, et d'autres accidents aggravèrent la situation ; aussi, mal-

gré les conseils les plus éclairés et les soins les plus
assidus, il expira le 11 août, entouré de ses fidèles ser-
viteurs et de quelques employés de la galerie, qui per-
daient en lui un véritable père, et dans les bras d'une
nièce qui lui avait voué une affection filiale, et qui, ac-
courue en toute hâte, eut du moins la triste et douce
consolation de pouvoir encore lui prodiguer tous ses
soins et recevoir son dernier soupir (1).

Comme on doit bien le penser, la mort de ce digne
et excellent homme fut un sujet de deuil pour toutes
les personnes qui l'avaient connu. Ce fut avec une
grande émotion, mais aussi avec une véritable satisfaction du cœur, que l'on vit tout le personnel de l'Hôtel
impérial des Invalides, tous les officiers du génie pré-
sents à Paris, bon nombre d'officiers d'artillerie et du
corps d'état-major qui se sont trouvés en relation avec
lui, s'empresser, avec ses nombreux amis, d'assister au
service funèbre qui eut lieu dans l'église Saint-Louis
des Invalides, et d'accompagner cet homme de bien,
jusqu'à sa dernière demeure, avec un pieux recueille-
ment. A cette époque de l'année, MM. les généraux du
génie et leurs aides de camp se trouvaient en tournée
d'inspection générale, et n'ont pu, à leur grand regret,
rendre un dernier et suprême hommage d'estime et de
respect à ce vieux camarade qui fut leur maître et leur
ami.

(1) Le colonel Augoyat ne laisse d'autres proches parents que cette
nièce, mademoiselle Louise Ronot, et un neveu, M. Edmond Ronot,
conseiller de préfecture, chevalier de la Légion d'honneur, qui l'un
et l'autre, enfants d'une sœur du colonel, habitent actuellement Mâcon.

Cet homme si simple, si modeste pendant sa vie, voulait encore être conduit presque inaperçu au champ du repos. Il avait demandé qu'on ne lui rendît pas les honneurs funèbres dus à son grade ; il désirait même qu'on l'emportât *sans apparât,* dans le simple corbillard qui sert pour les Invalides, qui tous le connaissaient bien. Bon et généreux envers eux, il était pour ainsi dire leur compagnon, depuis près de vingt ans qu'il habitait sous le même toit.

Mais il eût été bien pénible pour toute l'assistance de se soumettre à ce désir, et de se séparer pour toujours d'un ami, d'un chef si justement aimé, sans pouvoir lui donner encore un témoignage public d'estime et d'affection ; et il a suffi de quelques réflexions de la part de M. le général de Brancion, commandant les Invalides, et dont chacun lui sut gré, pour faire comprendre que, sans manquer aux convenances, il était bien permis, dans cette triste circonstance, d'enfreindre quelque peu les dernières volontés de cet homme vénérable.

Le service fut donc célébré simplement, en quelque sorte à l'unisson de celui qui en était l'objet, mais cependant très-convenablement. Deux compagnies d'infanterie ont accompagné le corps jusqu'au cimetière du Mont-Parnasse, où ce bon colonel repose aujourd'hui près de sa sœur qu'il a tant aimée.

Les cordons du poële furent tenus par trois colonels du génie : MM. Véronique, chef de la section du personnel du génie au ministère de la guerre ; de Solère, directeur des fortifications à Paris ; et Genet, secrétaire

du Comité des fortifications, qui tous étaient bien affec-
tionnés du colonel Augoyat ; et par M. Michel, colonel
d'état-major en retraite, secrétaire du conseil supérieur des Invalides, qui fut aussi l'un de ses meilleurs
amis.

M. le maréchal Vaillant devait assister à cette triste
cérémonie, et c'eût été pour lui un devoir bien triste,
mais doux à remplir, que d'accompagner à sa dernière
demeure ce vieil ami de quarante ans, dont l'affection
lui était chère. Il eût, sans doute, adressé à cet ami
un dernier adieu dans son langage si expressif, mais
une circonstance imprévue et tout à fait impérieuse
l'en empêcha ; et il dut prier M. le colonel Genet
d'être, auprès de l'assistance, l'interprète de ses vifs
regrets.

Le colonel Genet, qu'on voyait dans ce moment
sous l'impression d'une grande émotion, a prononcé
quelques paroles sur la tombe encore ouverte du bon
Augoyat. Il a su, dans des termes nobles et touchants,
exprimer les regrets bien vifs, la profonde tristesse
et les sentiments si vrais de haute estime et de sincère
attachement qu'éprouvaient alors les amis de cet
homme de bien (1).

---

(1) Nous avons emprunté quelques détails à ce dernier adieu
qui fut accueilli avec la plus vive sympathie par l'assistance. Un article nécrologique, dû à M. Henri Hennet, chef de section aux archives de la guerre, a été publié, le 16 septembre, dans le *Moniteur de
l'armée*.

On trouve dans le *Dictionnaire des contemporains*, par G. Vapereau, 2ᵉ édition, 1861, sur le colonel Augoyat, un article biographique très-succinct, dans lequel il y a plusieurs erreurs. La notice que

Malgré l'hommage qu'on venait de lui rendre, tout le monde sentit bien ce qu'il y aurait de regrettable à ne pas posséder le récit complet d'une vie aussi bien employée.

Le soin d'écrire la biographie du colonel Augoyat semblait revenir de droit au corps du génie dont il fut l'une des illustrations, et plus d'un officier de ce corps avait eu le projet de s'en charger; mais, en s'adressant aux personnes de son intimité et en particulier à sa nièce, il avait, à diverses reprises, exprimé le désir que, si quelque jour on venait à publier une notice sur son propre compte, elle fût faite par l'un de ses amis, le colonel d'artillerie Émy.

En présence de ce vœu, si nettement formulé, le corps du génie a cru devoir, quoiqu'à regret, renoncer à une tâche qu'il eût été heureux de remplir, de sorte que nous avons pu accepter ce pieux devoir. sans crainte de manquer aux convenances; mais nous devons dire que c'est avec une véritable émotion et avec un profond sentiment de reconnaissance envers notre respectable ami.

Qu'il nous soit cependant permis à présent, pour nous-même, pour le colonel Augoyat et pour le corps du génie, auquel nous tenons par notre père et par diverses circonstances de notre carrière, d'expliquer, en quelques mots, ce qui a pu nous mériter de la part de cet estimable et bien excellent homme, un témoi-

nous donnons aujourd'hui permet de rectifier ce que cet article présente d'inexact.

gnage aussi précieux de sa confiance et de son affection.

Souvent, et particulièrement dans ces dernières années, nous nous entretenions avec lui de sa carrière
militaire, de ses travaux, des événements de sa vie et
des hommes qu'il avait connus ; il s'arrêtait avec
plaisir sur le compte de ceux qu'il avait aimés et estimés le plus ; il parlait toujours avec tant de bonté et
tant de simplicité, que c'était vraiment un plaisir de
l'entendre. Mais comment retenir tant de choses? Il
nous eût fallu posséder sa prodigieuse mémoire ; et
souvent alors, à la fin de ces entretiens pleins de charmes, nous insistâmes pour qu'il nous laissât le résumé
de tout ce qu'il nous racontait.

Ce cher colonel, qu'on n'accusera certainement pas
d'outrecuidance, savait cependant bien un peu que le
récit de ce qu'il avait vu ne pourrait manquer d'inté-
resser ceux qui lui survivraient; et ses amis peuvent
assurément s'étonner de voir que lui, qui a tant écrit,
qui s'est attaché à mettre en relief les services et les
qualités des hommes remarquables qu'il a rencontrés,
n'ait pas pensé à prendre l'histoire de sa vie pour sujet d'un travail particulier. Il faut sans doute en trouver la raison dans cette grande modestie qui était l'un
des traits les plus saillants de son caractère. Il est bien
rare, en effet, si même cela est jamais arrivé, qu'il
ait dit *j'ai fait ceci, j'ai fait cela;* personne ne parlait
moins que lui de soi-même; mais il aimait à s'entretenir de ses amis; il en fait souvent mention dans les
notes qu'il nous a laissées ; il désirait leur donner un

témoignage public de son estime et de son affection, et c'est pour nous conformer à sa pensée que nous avons donné quelques détails sur le compte des hommes auxquels il a accordé son amitié.

Enfin, il y a peu de temps, c'était en 1863, voyant la santé de cet excellent homme qui allait en périclitant, nous insistâmes davantage pour avoir de lui tous les renseignements qui pouvaient offrir de l'intérêt. Nous ne devions assurément pas craindre que personne ne se chargeât d'écrire l'histoire de cette vie si bien employée ; tout le monde aurait voulu entreprendre ce travail, et nous ne pensions pas, en réitérant nos instances, qu'il témoignerait le désir de nous voir nous charger de ce soin.

Peut-être devons-nous cette préférence à l'affection qu'il avait pour notre père, qui fut d'abord son chef, puis son ami ; ou bien encore, est-elle due au respectueux attachement et à la profonde estime que nous lui avons toujours témoignés, particulièrement depuis vingt ans, alors qu'il fût notre chef, quand il vint à l'École d'application comme commandant en second. Peut-être, enfin, faut-il l'attribuer en partie à des souvenirs de son jeune âge ; il nous avait connu enfant, et souvent il nous a dit : « Vous étiez bien petit quand je vous ai vu pour la première fois, alors que j'arrivai à l'École de Metz, sous les ordres de votre père ; vous aviez à peine un an, quand je vous prenais sur mon bras ! » —Plus tard, il ne cessait de nous donner des témoignages de son affection, et en 1844, il voulut attacher à la boutonnière de notre habit le ruban de la Légion d'honneur que nous reçûmes le jour même où il était nommé commandeur. Avoir l'estime et l'amitié d'un homme aussi bon, d'un chef aussi distingué, est la plus grande satisfaction que puisse éprouver celui qui en est l'objet.

Quoi qu'il en soit, il importe que l'on sache que si nous remplissons aujourd'hui ce pieux devoir, c'est uniquement pour obéir au vœu du colonel Augoyat, à la modestie duquel nous avons en quelque sorte fait violence, pour obtenir qu'il réunît les matériaux qu'il a laissés et que nous avons souvent copiés textuellement. Nous désirons que l'on sache, également, qu'Augoyat tenait à recueillir dans cette occasion, les témoignages de profonde estime et de haute considération de la part du corps auquel il se faisait honneur d'appartenir ; et que si c'est une personne étrangère à l'arme du génie qui a fait cette notice, c'est tout simplement parce que celui qu'elle concerne, a manifesté le désir qu'elle fût faite par l'un de ses amis, fils d'un vieil ami de soixante ans.

Maintenant, cher et bon colonel, que nous avons raconté, moins bien sans doute que nous ne désirions le faire, votre vie si bien remplie, qu'il nous soit permis, au nom de tous ceux qui vous ont connu, de dire ici, sans blesser votre modestie, que vous fûtes un officier des plus distingués, un écrivain militaire remarquable, un digne et éminent citoyen ; que vous fûtes un parent dévoué, un ami sûr et discret ; charitable et compatissant envers ceux qui souffraient, généreux et désintéressé jusqu'à l'abnégation ; esprit supérieur, cœur bonnête, vous avez acquis l'estime et les sympathies de tout le monde. Par vos vertus privées, par votre bonté et par votre douceur, vous avez su répandre le bonheur autour de vous, aussi resterez-vous dans notre souvenir comme le meilleur des hommes. Le corps du génie tout entier, dont vous avez si bien soutenu la belle réputation, et qui vous est reconnaissant de tout ce que vous avez fait pour lui, vous tiendra toujours en grand honneur, nous sommes autorisé à le dire, et vous citera avec orgueil comme un modèle à imiter par les générations qui vous suivront dans la carrière.

Mais, si la vie du colonel Augoyat fut celle d'un homme de bien, sa mort, qui fut celle d'un sage, doit rester présente à notre esprit, car c'est avec le calme que donne une conscience pure et l'espoir d'un meilleur avenir que, le 11 août 1864, à l'âge de quatre-vingt-un ans, il rendit à Dieu cette belle âme et cette grande intelligence dont il avait fait un si noble usage.

# ÉNUMÉRATION

DES

# TRAVAUX SCIENTIFIQUES

## DU COLONEL AUGOYAT.

Nous avons suivi la colonel Augoyat dans les diverses positions qu'il a occupées pendant sa longue et honorable carrière, et pour ne pas interrompre le récit des événements auxquels il a pris part, nous avons reporté, à la suite de sa biographie, l'énumération des travaux scientifiques qu'il a publiés et des ouvrages qu'il a édités. Les titres de ces nombreux écrits sont relatés ci-après dans l'ordre chronologique de leur apparition, et forment la bibliographie de cet écrivain militaire distingué (1).

*La France littéraire* ou *Dictionnaire bibliographique* de Quérard, publiée en 1827, et *La littérature contemporaine*, du même auteur, qui est datée de 1842, ne citent l'un et l'autre, à l'article Augoyat, qu'un petit nombre de ses œuvres. Cet ouvrage attribue à tort au colonel Augoyat une *Instruction sur la balistique*,

---

(1) Un grande partie des notices que le colonel Augoyat a données au *Spectateur militaire* et au *Bulletin des sciences et de l'industrie*, rédigé sous la direction du baron de Férussac, ont été publiées, à part, sous forme de brochure.

brochure in-8 de 16 pages, publiée en 1824, et qui est due à M. Poumet, chef d'escadron d'artillerie, professeur à l'École d'état-major.

Le *Catalogue général de la librairie française au XIX^e siècle*, par Paul Chéron, ouvrage qui a paru en 1856, mais qui s'est arrêté au troisième volume, ne cite à l'article AUGOYAT que quinze ouvrages comme étant dus à cet officier.

Le *Dictionnaire universel des contemporains*, par G. Vapereau, 2^e édition, 1861, ne donne aussi qu'une énumération fort incomplète des œuvres que le colonel Augoyat avait publiées à cette date.

---

1821. — On a vu précédemment dans quelle circonstance Augoyat avait pensé à se faire auteur, et comment il avait débuté dans cette nouvelle carrière, en publiant un *Mémoire sur l'effet des feux verticaux, proposés par Carnot, dans la défense des places.*

Ce mémoire attira l'attention sur son auteur ; il eut même un certain succès, qui fut pour celui-ci un encouragement à marcher dans cette voie. Il est accompagné de deux notes : l'une sur la *Trajectoire des balles* ; l'autre, sur le *Tir à ricochet*, et forme une brochure in-4° de 48 pages.

1822. — La mort du commandant Maissiat fournit à Augoyat l'occasion de se faire imprimer de nouveau. Il consacra à son ami un écrit intitulé : *Notice sur Maissiat, chef d'escadron au corps royal des ingénieurs géographes militaires, suivie de notices sur la carte des ex-quatre départements réunis de la rive gauche du Rhin, et sur M. Tranchot, colonel au corps royal des ingénieurs géographes militaires.* Brochure in-8° de 42 pages.

1822 et 1824. — Il fait paraître une 2^e édition du premier et du troisième volume des *Œuvres posthumes de Cormontaingne, maréchal de camp du génie, directeur des fortifications des places de la Moselle.* Le premier volume contient le *Mémorial pour la fortification perma-*

*nente et passagère*, in-8° de 384 pages, avec 8 planches, publié en 1824. Le troisième volume, ou *Mémorial pour la défense des places*, in-8° de 386 pages, avec 15 planches, a paru en 1822. Le capitaine du génie Vaillant (aujourd'hui maréchal de France) s'était chargé de revoir les épreuves de cet important ouvrage.

1824. — M. le général Desprez, commandant l'École d'application d'état-major, avait prescrit aux professeurs de fournir le texte des instructions relatives aux parties de l'enseignement qui leur étaient confiées. Le chef de bataillon Augoyat rédigea, à partir de 1824, plusieurs *Instructions spéciales à l'usage de l'École d'application du corps royal d'état-major*. En voici les titres :

*Instruction sur les campements avec tentes ou baraques*, in-8° de 80 pages. Paris, 1824. Une 2ᵉ édition a paru en 1830, chez Anselin.

*Instruction sur le défilement des ouvrages de campagne*, in-8° de 64 pages, accompagnée de 3 planches, 1824 ; une nouvelle édition a paru en 1854, chez Tanera.

*Instruction sur les instruments à réflexion*, in-8°. Paris, Anselin, 1825. La 2ᵉ édition, revue et augmentée, in-8° de 32 pages, avec une planche, a paru en 1832.

*Instruction sur le service du génie en campagne*, in-8° de 56 pages. Paris, Anselin et Pochard, 1825.

*Instruction sur les routes, les chemins de fer, les canaux et les rivières*, suivie de notes sur *les transports et les principaux canaux d'Europe*, in-8° de 87 pages, avec 2 planches. Paris, 1827.

Une seconde édition de cette *Instruction* fort augmentée, et formant une brochure in-8° de 168 pages, avec planches, Paris, Anselin ; a paru en 1833, sous cet autre titre : *Instruction sur les routes, les chemins de fer, les canaux et les rivières; suivie de notes sur les transports et d'une statistique des principaux canaux, chemins de fer et routes carrossables ouvertes dans les Alpes et dans les Apennins.*

*Instruction sur la perspective*, in-8° de 7 pages avec planche. Paris, Anselin, 1828.

*Instruction sur la reconnaissance des rivières*, in-8° de 24 pages, avec une planche, 1827. La 2ᵉ édition, fort augmentée, in-8° de 40 pages avec planche, a paru en 1837. Paris, Anselin.

1825. — Sur la proposition de M. le colonel Audoy, chargé par le comité des fortifications d'examiner les travaux scientifiques présentés à ce comité par les officiers du génie, et de lui en rendre compte, on a inséré dans le n° 7 du *Mémorial de l'officier du génie* un mémoire du chef de bataillon Augoyat, sur la *Pénétration et l'effet des projectiles*, in-8° de 75 pages.

Ce sujet, qui est d'une grande importance pour l'art de la guerre, a été depuis traité plus amplement par la commission des principes du tir, commission permanente d'officiers d'artillerie établie à Metz. Le travail du commandant Augoyat, qui avait le mérite de la nouveauté, renfermait un grand nombre de faits intéressants, et l'auteur a pu être étonné que la commission dont il s'agit n'en ait pas fait mention (1).

— 2ᵉ édition du *Cours élémentaire de fortification*, à l'usage de *MM. les élèves de l'Ecole spéciale militaire*, rédigé en 1812, en vertu des ordres de M. le général de division Bellavène, par Savart, d'après les leçons professées à l'Ecole polytechnique, par Catoire, chef de bataillon du génie, instituteur de fortification à cette école. In-8° de XVI et 542 pages avec 9 planches. 1825.

1826. — *Traduction sommaire d'un mémoire sur le tir à ricochet, écrit en allemand* et dû à M. le général belge Huguenin. In-8° de 32 pages, avec une planche et des notes du traducteur. Elle est insérée au *Bulletin des sciences militaires*, rédigé sous la direction du baron de Férussac.

1829.—Edition du traité de l'*attaque des places, par le maréchal de Vauban*, sous ce titre : *Traité des siéges et de l'attaque des places, par le maréchal de Vauban, nouvelle édition, entièrement conforme au manuscrit présenté par l'auteur au duc de Bourgogne.* In-8° de

---

(1) Le *Mémorial de l'officier du génie* est un recueil publié par les soins du Comité des fortifications, en vue de faire connaître les travaux scientifiques des officiers de l'arme, qui lui paraissent intéressants et capables de contribuer au perfectionnement de l'art de l'ingénieur. Ce recueil est extrêmement utile aux officiers en ce qu'il leur permet de se tenir au courant des inventions et découvertes qui concernent le service du génie ; commencé en 1803, il cessa de paraître dès 1804, après la publication du second numéro. La guerre en privant alors les officiers de tout loisir ne pouvait que nuire au travaux de ce genre. Mai à la paix, en 1819, M. le général de division Rogniat, qui fut pendant longues années président du Comité des fortifications, eut l'heureuse idée de faire reprendre cetteintéressante publication dont le 17ᵉ et dernier numéro a paru en 1864.

XXIV et 329 pages, avec 33 planches, précédé d'un avertissement de l'éditeur, et de l'éloge du maréchal de Vauban, par Fontenelle.

Le manuscrit dont il s'agit appartient aujourd'hui au Dépôt des fortifications ; il est regardé comme le tome VIII des *Oisivetés* de Vauban. (*Spect. milit.*, tome VII).

1830. — *Discussion administrative sur la navigation et les canaux.* In-8° de 19 pages.

— *Discussion administrative sur l'état et l'entretien des routes.* In-8° de 30 pages.

— *Nouveau passage des Alpes par le col de Stelvio*, ou description détaillée de la route de Lecco à Mals, par l'Adige, par la rive orientale du lac de Lecco, la vallée de l'Adda et le col de Stelvio. Notice in-8° de 17 pages. Paris, Firmin Didot.

— *Canaux et navigation intérieure de la Russie.* Notice in-8° de 63 pages.

Ces quatre écrits font partie d'un volume formé par la réunion de diverses notices et intitulé : *Discussion et documents sur les canaux et sur les chemins de fer en France.* In-8°, Paris, Firmin Didot, 1830. (Inséré au *Bulletin des sciences et de l'industrie* de Férussac, 1830.)

— Note intitulée : *Comment Landau peut être pris en très peu de temps par une innondation.* In-8° de 7 pages. (Insérée au *Bulletin des sciences militaires* de Férussac, 1830.)

— *Extrait du mémoire relatif aux lignes de Torrès Vedras, élevées en 1810 pour couvrir Lisbonne*, par le colonel John T. Jones. Brochure in-8° de 18 pages (*Bulletin des sc. mil.* de Férussac, 1830).

— *Moyen de suppléer au pétard* (appareil de guerre destiné à jbriser les portes des poternes). Notice in-8° de 3 pages (*Spect. mil.*, t. IX).

— *Notice sur la bataille de Varna, le 10 novembre 1444.* In-8° de 5 pages (*Spect. mil.*, t. IX).

— *Notice sur le siége de Varna par les Russes en 1828.* In-8° de 22 pages, avec un plan (*Spect. mil.*, t. IX).

1831. — *Siége du fort d'El-Arich (basse Égypte) par les Français en 1799.* In-8° de 7 pages. (*Spect. mil.*, t. X.)

— Compte rendu de l'ouvrage que le savant géographe M. Jomard, membre de l'Institut, a publié sous ce titre : *Considérations sur l'objet et les avantages d'une collection spéciale consacrée aux cartes géo-*

*graphique et aux diverses branches de la géographie.* In-8° de 4 pages. (*Spect. mil.*, t. XII.)

— Compte rendu succinct sur l'ouvrage intitulé : *La pratique des levers enseignée par les dessins*, par Bardin. (*Spect. mil.*, t. XII.)

— *Traité de l'organisation et de la tactique de l'artillerie, par M. A. Grewnitz, major au service de la Prusse.* Compte rendu, 6 pages in-8°. (*Spect. mil.*, t. XII.)

— *Démolition par la poudre*, note relative à l'instruction du lieutenant colonel de Burgoyne, du 6 septembre 1814, sur la démolition des ponts. 8 pages in-8° avec une planche (*Bulletin des sciences militaire* de Férussac, 1831).

1832. — Compte rendu du mémoire *Sur les lignes de Torrès Vedras* (Portugal), dû à M. le colonel John Jones et traduit de l'anglais par M. Gosselin. In-8° de 13 pages. (*Spect. mil.*, t. XIII.)

1833. — Compte rendu sur la 2ᵉ édition (de 1833) de l'*Instruction sur les routes, les chemins de fer, les canaux et les rivières*. 3 pages in-8°. (*Spect. mil.*, t. XV.)

— *Revue des journaux étrangers*. 22 pages in-8°. (*Spect. mil.*, t. XV.)

1834. — *Applications du fer aux constructions de l'artillerie, par le capitaine A. Thiéry.* Compte rendu, 5 pages in-8°. (*Spect. mil.*, t. XVII.)

— Des Shrapnels (cours d'artillerie de M. le capitaine Piobert) ; 5 pages in-8°. (*Spect. mil.*, t. XVII.)

1835. — *Le mémorial de l'attaque des places*, ouvrage posthume de Cormontaingne, avait été publié incomplétement en 1806 par Bousmard, qui avait ajouté une notice sur l'auteur. En 1809, le chef de bataillon Bayard, attaché au Dépôt des fortifications, en fit une 2ᵉ édition complète.

Cette œuvre de Cormontaingne était fort recherchée ; Augoyat en connaissait tout le prix, et en 1835, il en a fait une nouvelle édition dans laquelle il a introduit une *Notice sur Cormontaingne* (1), et plusieurs articles tirés des journaux de siége de ce grand ingénieur. Ce livre, in-8° de 281 pages, avec 14 planches, forme le 2ᵉ volume de

----

(1) Cette *Notice historique sur Cormontaingne*, in-8° de 18 pages, Paris, Bacquenois, Cosse et Appert, sans date, avait déjà été publiée séparément.

l'ouvrage dont Augoyat a donné le 1er et le 3e volume en 1822 et 1824. M. A. Chevalier, chef d'escadron, en a donné un compte rendu dans le *Spectateur militaire* (t. XIX).

— *Aperçu comparatif de la solde et des avantages du soldat en France et en Angleterre.* Brochure in-8° de 13 pages. (*Spect. mil.*, t. XIX.)

1836. — Compte rendu succinct de l'ouvrage intitulé : *Antologia militare*, journal militaire publié à Naples, année 1836, 5 pages in-8°. (*Spect. mil.*, t. XX).

— *Notice sur le lieutenant général Filley de la Cote, du corps du génie.* In-8° de 19 pages. (*Spect. mil.*, t. XXI.)

—*Notice sur M. de Fourcroy, maréchal de camp au corps du génie.* In-8° de 19 pages. (*Spect. mil.*, t. XXI.)

— *Nouveau système d'artillerie de campagne, adopté en 1835 dans le royaume de Naples.* Ouvrage écrit en italien, par M. Nicolas Landy, lieutenant-colonel d'artillerie, directeur de l'arsenal de construction. Compte rendu succinct. 6 pages in-8°. (*Spect. mil.*, t. XXII.)

— *Notice sur le fort de Civitella del Tronto,* dans le royaume de Naples. 4 pages in-8°. (*Spect. mil.*, t. XXII.)

1837. — *Lettre de feu M. de Bousmard sur les places du moment,* traduite de l'allemand et publiée par Augoyat. 12 pages in-8°. (*Spect. mil.*, t. XXIII.)

— *Siége de Longwy en 1815 ; défense d'un blockhaus.* Note, 4 pages in-8°. (*Spect. mil.*, t. XXIII.)

— *Aide-mémoire à l'usage des officiers du génie.* Compte rendu, 4 pages in-8°. (*Spect. mil.*, t. XXIII.)

— L'*Essai général de fortification et d'attaque et de défense des places,* par M. de Bousmard, a été publié en 1797, 1798 et 1799 ; une 2e édition a paru en 1814 ; en 1837, le chef de bataillon Augoyat en a donné une 3e édition, dans laquelle il a mis un avertissement et une notice sur l'auteur, en tête de l'ouvrage et des notes dans le texte. 3 volumes in-8° de 367 à 390 pages, avec atlas in-4° de 62 planches.

La lettre précitée de feu M. de Bousmard, *Sur les places du moment,* est mise en tête du 1er volume.

Un 4e volume, ou supplément, est intitulé : *Des tentatives à faire pour améliorer l'art de fortifier les places, et de quelques idées sur le relief et le commandement des fortifications,* par M. de Bousmard.

3ᵉ édition, par Augoyat, 1837 ; avec l'explication des planches, de l'atlas et une table des matières. In-8° de 264 pages.

— *Siége de Longwy* en 1815, note. (*Spect. mil.*, t. XXIV, 1837-1838.)

— *L'histoire de l'expédition de Russie, par M. le marquis de Chambray*, 3 vol. in-8° avec atlas. 3ᵉ édition ; compte rendu de 3 pages in-8°. (*Spect. mil.*, t. XXIV.)

1838. — *Description d'une voûte à l'épreuve construite en beton, à Woolvich* ; avec le détail des effets du bombardement auquel on l'a soumise pour s'assurer de sa solidité ; dans la traduction de mémoires relatifs au service des ingénieurs anglais, par Augoyat. In-8 de 9 pages. (*Spect. mil.*, t. XXIV.)

— Compte rendu de l'*Antologia militaire*, n° 4. 6 pages in-8. (Revue des journaux militaires dans le *Spectateur militaire* (t. XXIV.)

1839. — Sous le titre : *Journaux de siéges faits et soutenus par les Français dans la Péninsule*, M. le chef de bataillon du génie Belmas a publié, en 1836 et 1837, un ouvrage remarquable en 4 volumes in-8°, accompagnés d'un grand atlas.

Ces journaux, qui furent rédigés sur les rapports officiels de tranchée adressés au ministre de la guerre, sont précédés d'un récit abrégé des campagnes pendant lesquelles ces siéges ont eu lieu, et sont accompagnés de plans gravés qui ont été dressés au Dépôt des fortifications.

Le colonel Augoyat, qui accordait un grand mérite à cet ouvrage, disait avec raison que le commandant Belmas s'était acquis par cette œuvre un titre à la reconnaissance de tous les militaires, et c'est pour en donner un compte rendu détaillé qu'il a publié le livre intitulé :

*Précis des campagnes et des siéges d'Espagne et de Portugal, de 1807 à 1814, d'après l'ouvrage de M. Belmas, chef de bataillon du génie, intitulé : Journaux des siéges faits et soutenus par les Français dans la Péninsule ; les dépéches du duc de Wellington et autres ouvrages ; accompagnés d'une carte militaire de la Péninsule.* In-8° de 352 pages, 1839.

Ce compte rendu de l'ouvrage de M. Belmas a été inséré en 12 articles formant 358 pages dans le *Spectateur militaire* (t. XXV, XXVI et XXVII, années 1838 et 1839).

— *Note sur les ingénieurs Hüe de Caligny.* 14 pages in-8°. (*Spect. mil.*, t. XXVII.)

— *Notice historique sur le lieutenant général Lapara de Fieux et sur les siéges dont il a dirigé en chef les attaques, et particulièrement sur celui de Barcelone, en* 1697, le plus difficile de tous ceux que l'on a faits sous le règne de Louis XIV. Brochure in-8° de 113 pages avec un plan des attaques (*Spect. mil.*, t. XXVII, 1839) (1).

En faisant des recherches sur le nom de Lapara de Fieux, Augoyat découvrit à cette même époque, dans les archives du royaume, l'*Abrégé des services du maréchal Vauban, fait par lui-même en* 1703.

Ce précieux document, dont il existe un exemplaire chez M. Rosambo, et qui offre un grand intérêt, n'était pas connu, et Augoyat l'a publié en 1839 sous forme de brochure in-8° de 20 pages; il y a ajouté un supplément de 2 pages, qui permet de suivre le maréchal dans toute sa carrière, jusqu'à sa mort en 1807 ; et une note de 9 pages qui donne des détails fort intéressants. Cette notice a été insérée au *Spectateur militaire* (t. XXVII).

1839 et 1840. — Notice sur l'ouvrage intitulé : *Considérations sur les marches que les troupes peuvent faire,* ouvrage traduit de l'allemand, par Antoine Marc, lieutenant. Broch. in-8° de 13 pages. (*Spect. mil.*, t. XXVIII.)

1840. — *Relation de la défense de Torgau, en Saxe, par les troupes françaises en* 1813, sous les généraux de division, comte de Narbonne et comte du Taillis ; épisode malheureux des dernières guerres de l'Empire, et dans lequel on eut plus à souffrir de la misère et du typhus qui sévissait dans la place, que du feu de l'ennemi.

Cette relation offre un intérêt tout particulier, par la gravité même des événements et par la conduite que tinrent dans cette circonstance plusieurs officiers distingués et notamment le général de division comte de Narbonne, qui mourut du typhus ; elle forme une brochure

_______________

(1) Augoyat a laissé, au sujet de *Lapara de Fieux,* une note que nous transcrivons ici textuellement : « Lapara de Fieux, contemporain de Vauban, est mort un an avant lui, au second siége de Barcelone, en 1706, où il a été tué. Il avait dirigé en chef les attaques d'un grand nombre de places, en Italie et en Espagne ; regardé comme le premier ingénieur de son temps, après Vauban, il était appelé à devenir maréchal de France. »

in-8° de 88 pages avec un plan. Paris, Leneveu, 1840. Elle a été insérée en 3 articles dans le *Spectateur militaire* (t. XXIX et XXX , 1840.)

— *Notice historique sur les ingénieurs Hüe de Caligny*, in-8° de 59 pages (*Journal des armes spéciales*, t. VII. 1840). Le colonel Augoyat y a joint une lettre de 4 pages de M. de Vauban à M. de Caligny (Jean Anthénor) *sur la manière de faire les statistiques*, et une lettre de 4 pages de M. de Caligny *sur la manière de former les ingénieurs.*

— *Mémoires inédits du maréchal de Vauban* sur Landeau, Luxembourg et divers sujets ; ouvrage édité par Augoyat. Paris, Corréard, 1841. In-8° de 272 pages. En tête de cet ouvrage se trouve placée la notice historique ci-dessus.

— Compte rendu de l'ouvrage intitulé : *Antologia militare.* 2 pages in-8°. (*Spect. mil.*, t. XXX.)

— *Deux notes relatives aux citadelles et places fortes*, dictées par l'empereur Napoléon en 1813, au sujet d'Erfurt, quand il fit mettre cette place en état de défense (*Spect. mil.*, t. XXX).

1841. — *Des mines de démolitions sous l'eau, enflammées par combustion voltaïque*, par le colonel anglais Pasley ; compte rendu in-8° de 22 pages, inséré au *Spectateur militaire* (t. XXX), et tiré à part en 1841.

— Compte rendu de l'ouvrage intitulé : *Du droit des gens et de quelques devoirs particuliers des militaires*, par le major Puccelmonton, Napolitain ; extrait de l'*Antalogia militare*. In-8° de 8 pages. (*Spect. mil.*, t. XXXI.)

— Compte rendu du 11ᵉ volume de la 2ᵉ série de l'*Antologia militare*. In-8° de 4 pages. (*Spect. mil.*, t. XXXII.)

1842. — *Notice biographique sur M. d'Obenheim*, ancien ingénieur, professeur de sciences appliquées à l'école d'artillerie de Strasbourg. In-8° de 24 pages. (Insérée au *Spect. mil.*, t. XXXII.)

— *Notice sur le passage des fossés pleins d'eau courante*. 1 page in-8°. (*Spect. mil.*, t. XXXII.)

— Compte rendu du 12ᵉ volume de l'*Antologia militare*. 3 pages in-8°. (*Spect. mil.*, t. XXXIII.)

— Compte rendu du 13ᵉ volume du même recueil. 5 pages in-8°. (*Spect. mil.*, t. XXXIII.)

— Compte rendu du 14ᵉ volume du même recueil. 11 pages in-8°. (*Spect. mil.*, t. XXXIV.)

1842-1845. — Augoyat publie une édition des *Oisivetés de M. de Vauban* avec notes et additions. Paris, Corréard, 3 vol. in-8°. Le premier volume renferme le tome I et partie des tomes II et III de l'ouvrage original; 260 pages et 2 planches; 1843. Le deuxième volume comprend la fin des tomes II et III. Il est précédé d'un éloge du maréchal par M. Gaillard, membre de l'Académie française, et suivi d'une note sur les oisivetés; 99 pages, 1845. Enfin le troisième volume comprend le tome IV, augmenté de mémoires inédits tirés du tome II. 294 pages; 1842.

1843. — Compte rendu du 15ᵉ volume de l'*Antologia militare*. 4 pages in-8°. (*Spect. mil.*, t. XXXV.)

1844. — Compte rendu du 16ᵉ volume du même recueil, 4 pages (*Spect. mil.*, t. XXXVII).

— Compte rendu du 17ᵉ volume du même recueil, 18 pages (*id.*)

— *Notice historique* sur le général en chef Dugommier, sur le siége de Toulon en 1793 et sur la campagne de 1794 aux Pyrénées orientales, broch. in-8° de 46 pages, avec un plan. Elle a été insérée en deux articles dans le *Spectateur militaire* (t. XXXVIII).

— Note sur l'ouvrage de Joachim Madelaine, capitaine en retraite, ancien élève de l'École polytechnique, intitulé : *Fortification permanente; défaut des fronts bastionnés; modifications nécessaires; bases d'un nouveau système*. 3 pages in-8°. (*Spect. mil.*, t. XXXVIII.)

1845. — *Considérations sur la fortification de Paris*, mémoire en réponse à la note intitulée : *Considérations sur une guerre prochaine entre l'Allemagne et la France*. in-8° de 33 pages. (*Spect. mil.*, t. XXXIX.)

— Analyse du *Rapport de M. le baron de Chabaud-Latour*, député du Gard, sur le projet de loi relatif aux travaux de fortification dans plusieurs villes. In-8° de 20 pages. (*Spect. mil.*, t. XXXIX.)

— Compte rendu du 18ᵉ volume de l'*Antalogia militare*. 13 pages in-8°. (*Spect. mil.*, t. XXXIX.)

1846. — Compte rendu de l'ouvrage traduit de l'anglais, intitulé : *Les Alpes qui entourent l'Italie, envisagées militairement, depuis les temps les plus reculés jusqu'à nos jours*. In-8° de 32 pages. (*Spect. mil.*, t. XL.)

— *Lectures du soldat italien, ou recueil de morceaux en prose sur divers sujets militaires*. In-8° de XII et 244 pages, publié à Naples, en italien, en 1845, par Mariano d'Ayala; ouvrage très-curieux renfermant de nombreuses recherches philologiques militaires. — Compte rendu fort intéressant, 17 pages in-8°. (*Spect. mil.*, t. XLI.)

— Compte rendu de l'ouvrage espagnol intitulé : *Etat du corps des ingénieurs de l'armée espagnole* au 1ᵉʳ janvier 1846. 10 pages in-8°. (*Spect. mil.*, t. XLI.)

— Traduction libre et abrégée de l'ouvrage intitulé : *Mémoires historiques sur l'art de l'ingénieur et de l'artilleur en Italie, considéré depuis son origine jusqu'au commencement du* xɪxᵉ *siècle.* In-8° de 152 pages. Paris. 1846. (*Spect. mil.*, t. XLI et XLII.)

1847. — *Résumé historique de l'arme du génie en général et de son organisation en Espagne* (Resumen historico del arma de ingenieros en general y de su organizacion en España) ; suivi de deux notes, l'une sur les inscriptions espagnoles des fortifications de Bougie, avec un plan ; l'autre sur le lieutenant général marquis de Verboon, par un officier supérieur du corps des ingénieurs de l'armée ; in-8° de 161 pages, imprimé en espagnol. Madrid 1846. Compte rendu, 24 pages in-8°, avec le plan joint à la première note. (*Spect. mil.*, t. XLII.)

— *Siége du château d'Alicante et surprise de Tortose pendant la guerre de la succession d'Espagne.* Notice in-8° de 16 pages avec un plan (*Spect. mil.*, t. LXIII).

1848. — Compte rendu du *Mémorial de ingenieros*, mémorial des ingénieurs espagnols, inséré dans la partie du *Spectateur militaire* qui est consacrée à la *Revue des journaux militaires étrangers.* In-8°, 12 pages. (*Spect. mil.*, t. XLIV.)

— *Corps des ingénieurs de l'armée espagnole; école pratique, exercice de fin d'année.* Compte rendu, 3 pages in-8° (*Spect. mil.*, t. XLIV).

— *Histoire des campagnes et des siéges des Italiens en Espagne,* de 1808 à 1813, par le général Vacani. Compte rendu inséré en trois articles au *Spectateur militaire.* In-8°, 53 pages (t. XLV, XLVIII et XLIX.)

— Compte rendu du nouvel Annuaire militaire de l'armée anglaise. pour l'année 1848, publié par le capitaine Hart. In-8°, 12 pages. (*Spect, mil.*, t. XLV.)

— *Table des matières contenues dans le mémorial de l'officier du génie,* 1ʳᵉ série du n° 1 à 15, ou de 1803 à 1848. Les mémoires y sont analysés et classés par ordre alphabétique des titres des matières qui en font le sujet. 76 pages in-8°.

1849. — Note sur le mémorial de l'officier du génie. 4 pages in-8°. (*Spect. mil.*, t. XLVII.)

— Compte rendu de l'ouvrage intitulée : *Nouvelles expériences sur la poussée des terres*, par M. Audé, lieutenant-colonel du génie en retraite ; mémoire revu par M. le général Poncelet, avec addition par M. Domergue, capitaine du génie, et une notice sur l'auteur. 6 pages in-8°. (*Spect. mil.*, t. XLVII.)

— Notice sur le *fusil espagnol appelé gispa.* In-8°. 4 pages. (*Spect. mil.*, t. XLVII.)

— Compte rendu de l'ouvrage anglais intitulé : *Essai sur un nouveau système de fortification*, par James Fergusson, ingénieur à Londres. 1849. 7 pages in-8°. (*Spect. mil.*, t. XLVII.)

1850. Compte rendu de la *théorie analytique de la fortification permanente* de don José Herréra Garcia, lieutenant-colonel du génie espagnol. 13 pages in-8°. (*Spect. mil.*, t. XLVIII.)

— *Notice historique sur le lieutenant général de Choisy, ingénieur.* 63 pages in-8°. Elle a été insérée en 3 articles dans le *Spectateur militaire* (t. XLIX).

— Compte rendu sur le *Mémorial de fortification permanente*, par A. Teliakoffski, colonel du génie russe, traduit du russe par A. Goureau, officier au régiment de chasseurs de la garde. 11 pages in-8°. (*Spect. mil.*, t. XLIX.)

— Compte rendu de l'*Histoire de l'ancienne légion étrangère, créée en 1831 et licenciée en 1838*, par le colonel Bernelle et le capitaine de Colleville. 22 pages in-8°. (*Spect. mil.*, t. L.)

— Compte rendu du *Traité de reconnaissances militaires*, de M. le commandant Chatelain. 5 pages in-8°. (*Spect. mil.*, t. L.)

1851. — *Création d'une digue à la mer, au moyen de rochers détachés d'une falaise.* par le même, avec un plan. 8 pages in-8°. (*Spect. mil.*, t. L.)

— Note sur l'ouvrage intitulé : *Topographie et fouilles de Salona*, par le docteur F. Carrara, directeur du musée d'antiquités à Spalato. 5 pages in-8°. (*Spect. mil.*, t. L.)

1852. — *Mémorial des ingénieurs espagnols* pour l'année 1850, (mémorial des ingénieros), compte rendu. In-8° de 13 pages. (*Spect. milit.* 2e série, tome III.)

— Résumé de l'ouvrage intitulé : *Siége de Rome, en 1849, par les*

*Français, journal des opérations de l'artillerie et du génie,* publié avec l'autorisation du ministre de la guerre. In-8° de 33 pages, avec un plan. (*Spect. milit.,* 2ᵉ série, tome IIL)

— Analyse de la *Notice sur le vicomte Dode de la Brunerie, maréchal de France,* par le général Moreau. In-8°, 28 pages. (*Spect. milit.,* 2ᵉ série, tome IV).

1853. — Notice historique de la place de Casal ; in-8°, 51 pages, avec un croquis. (*Spect. milit.,* 2ᵉ série, tome IV.)

— Compte rendu du *Traité de l'artillerie navale, dédié par permission expresse aux lords de l'amirauté,* par le lieutenant général *sir Howard Douglas.* In-8°, 30 pages. (*Spect. milit.,* 2ᵉ série, t. V.)

— Compte rendu des *Études sur les places de Mayence et d'Ulm,* par le baron Maurice, capitaine d'état-major du génie de la confédération suisse. In-8°, 5 pages. (*Spect. milit.,* 2ᵉ série, tome V.)

— *Notice historique sur la galerie impériale des plans reliefs des places de guerre.* In-8°, 29 pages. (*Spect. milit.,* 2ᵉ série, tome V.)

— Compte rendu de l'*Essai sur les principes et la construction des ponts militaires, et sur les passages des rivières, en campagne,* par le général sir Howard Douglas. In-8°, 12 pages. (*Spect. milit.,* 2ᵉ série, tome V.)

1854. — *Mémoires et correspondance politique et militaire du roi Joseph,* publiés, annotés et mis en ordre par A. du Casse, aide de camp de S. A. I. le prince Napoléon. Compte rendu, 148 pages in-8°. (*Spect. milit.* 2ᵉ série, 5 articles dans les tomes VI, VII et IX, 1854 et 1855.)

— Compte rendu de l'ouvrage intitulé : *Campagne des Russes dans la Turquie d'Europe, en 1828 et 1829,* et traduit de l'allemand du colonel baron de Moltke, par A Demmler, professeur à l'école impériale d'état-major. In-8°, 17 pages. (*Spect. milit.,* 2ᵉ série, tome VIII.)

— *Mémoire sur l'emploi de la chambre claire dans les reconnaissances topographiques par Laussedat, capitaine du génie;* compte rendu, 4 pages in-8°. (*Spect. milit.,* 2ᵉ série, tome VIII.)

— Compte rendu de l'ouvrage intitulé : « *Les combats de Dyrrachium et de Pharsale, l'an 48 avant J.-C;* » étude militaire et philologique, d'après le 3ᵉ livre de la guerre civile de César, par le baron A. de Göler, lieutenant-colonel, aide de camp de S. A. R. le prince régent de Bade. In-8°, 13 pages. (*Spect. milit.,* 2ᵉ série, tome VIII.)

1855. — Observations sur les *canons Lancaster*, extrait de la nouvelle édition du *Traité d'artillerie navale*, du lieutenant général sir Howard Douglas. In-8°, 6 pages. (*Spect. milit.*, 2ᵉ série, tome IX.)

— *Attaque de Bomarsund, effet des projectiles contre les tours de granit.* In-8°, 5 pages. (*Spect. milit.*, 2ᵉ série, tome IX.)

— Compte rendu de l'*Essai sur l'architecture militaire au moyen âge*, par M. Viollet-le-Duc; extrait du dictionnaire raisonné de l'architecture française du XIᵉ au XVIᵉ siècle. 8 pages in-8°. (*Spect. milit.*, 2ᵉ série, tome IX.)

— *Notice sur le général Bizot.* In-8°; 12 pages. (*Spect. milit.*, 2ᵉ série, tome X.)

— *Note sur la carte générale du grand-duché de Bade.* 2 pages in-8°. (*Spect. milit.*, tome X.)

— Compte rendu *Mémorial des ingénieurs espagnols*; analyse des mémoires insérés dans le tome IX de ce recueil. In-8°, 12 pages. (*Spect. milit.*, 2ᵉ série, tome XII.)

— Compte rendu du mémoire écrit en espagnol et intitulé : *Nouvelles mines de guerre appliquées à la défense*, suivant un nouveau procédé pour mettre le feu aux fourneaux à poudre, à l'aide de l'électricité, par le colonel espagnol don Grégorio *Verdu*, commandant au corps du génie. Traduit de l'espagnol; Dumaine, 1855. In-8°, 10 pages. (*Spect. milit.*, 2ᵉ série, tome XII.)

— Compte rendu du *Rapport sur les arts de la marine et de la guerre*, fait à la commission française du jury international de l'exposition universelle de Londres, par le baron Ch. Dupin, membre de l'Institut (extrait du tome III des travaux de la commission française sur l'industrie des nations, publiés par ordre de l'Empereur· Paris, 1855). Brochure in-8° de 30 pages tirée à part et insérée au *Spectateur militaire*. (2ᵉ série, tome XII.)

— Compte rendu de l'ouvrage intitulé : *Du relief et du tracé des retranchements de campagne* (Del relieve y trazado de los atincheramentos de campanâ), par don Frutos Saavedra y Meneses, lieutenant-colonel, capitaine d'artillerie. In-8°, 5 pages. (*Spect. milit.*, 2ᵉ série, tome XII.)

1856. — *Notice historique sur les services du général Bourcet*; in-8° de 66 pages. Paris, Martinet. (*Spect. milit.* 2ᵉ série, tome XIII.)

— Compte rendu de l'ouvrage anglais, traduit en français, et intitulé : *Considérations sur la tactique et la stratégie*, par le colonel

Georges Twemlon. In-8°, 13 pages. (*Spect. milit.*, 2° série, tome XIV.)

— Compte rendu de l'ouvrage intitulé : *Description du système bastionné polygonal*, par le capitaine Patrizzio Guillamat. 3 pages in-8°. (*Spect. milit.*, 2° série, tome XV.)

— *Notice sur les Chatillon ingénieurs des armées, sur Claude Chatillon topographe du roi et sur l'œuvre de cet artiste.* in-8°, 31 pages. (*Spect. milit.*, 3° série, tome XVI.)

1857. — Compte rendu de l'ouvrage intitulé : *Résumé d'études sur les principes généraux de la fortification des grands pivots stratégiques*, par M. A. Brialmont, officier du génie belge. 13 pages in-8°. (*Spect. milit.*, 2° série, tome XVII.)

— Compte rendu de l'ouvrage intitulé : *Journal du siége de Metz en 1552.* Documents relatifs à l'organisation de l'armée de l'empereur Charles-Quint, et de ses travaux devant cette place, et description des médailles frappées à l'occasion de la levée du siége, recueillis et publiés par F. M. Chabert. 12 pages in-8°.[(*Spect. milit.*, 2° série, tome XVIII.)

— *Réponse du colonel Augoyat aux observations de M. Brialmont sur les principes de la fortification des grands pivots stratégiques.* 4 pages in-8°. (*Spect. milit.*, 2° série, tome XVIII.)

— *Supplément au compte rendu du résumé des études sur la fortification des grands pivots stratégiques.* 18 pages in-8°. Paris, Tanera. (*Spect. milit.*, 2° série, tome XXI.)

— Compte rendu de l'ouvrage intitulé: *Considérations sur les effets souterrains de la poudre*, par F. Théodore Gosselin, lieutenant-colonel du génie en retraite; in-8°, 4 pages. (*Spect. milit.*, 2° série, tome XIX.)

— *Réponse à une réclamation de M. le colonel E. Bernardolz*, du mémorial des ingénieurs. 2 pages in-8°. (*Spect. milit.*, 2° série, t. XX.)

— Supplément à cette réponse ; 1 page. (Même tome.)

1858. — *Rectifications des faits concernant la défense de Hambourg en 1813.* 3 pages in-8°. (*Spect. milit.*, 2° série, tome XXV.)

— Compte rendu de l'ouvrage anglais intitulé : *De la tactique navale avec la vapeur*, par le général sir Howard Douglas. in-8° de 13 pages. (*Spect. milit.*, 2° série, tome XXV.)

**1860-1862 et 1864.** — *Aperçu historique sur les fortifications, les ingénieurs et le corps du génie en France.* Paris, Tanera. 3 vol. in-8·

Cet important ouvrage, le dernier du colonel Augoyat, mérite une mention toute particulière dans cette notice bibliographique.

Le premier volume *sur les fortifications et les ingénieurs* embrasse une période de 491 ans, de 1284 à 1715. 469 pages. Il a paru en 1860.

Le deuxième volume *sur les fortifications, les ingénieurs et sur le corps royal du génie,* embrasse une période de 74 ans, de 1715 à 1789. 664 pages, avec 2 cartes. 1862.

Enfin, le troisième volume *sur les fortifications et le corps du génie,* va de 1790 à 1804. 264 pages avec 2 planches. 1864.

Le *Spectateur militaire* a publié de 1857 à 1861, *in extenso*, en 42 articles (du tome XIX au tome XXXVIII de la 2ᵉ série), tout le contenu des deux premiers volumes; puis le 15 du mois d'août 1864 (dans le tome XLVII) il a donné un compte rendu de ce grand ouvrage, par M. le capitaine du génie Ratheau, ancien élève de l'École polytechnique, compte rendu fort intéressant qui dispense d'entrer ici dans de plus amples détails.

Le chevalier Allent a publié, en 1805, la première partie de l'*Histoire du corps du génie.* Mais il s'est arrêté à l'année 1715 (1). Le colonel Augoyat, dans son livre trop modestement intitulé, corrige de légères imperfections qu'on avait laissées, dans l'œuvre du chevalier Allent ; il comble quelques lacunes qui sont dans l'*Histoire du corps*

_______________

(1) Pierre-Alexandre-Joseph Allent, né à Saint-Omer, le 9 août 1772, était un officier du génie fort distingué. Il était parvenu au grade de lieutenant-colonel lorsque, par suite de l'arrêté du gouvernement provisoire, en date du 10 avril 1814, et ayant donné sa démission, il fut nommé chef d'état-major de la garde nationale de Paris, ce qui fait qu'on lui a souvent donné depuis le titre de général. Chevalier de l'Empire, il a été généralement connu sous le nom du chevalier Allent. Il est devenu conseiller d'État et commandeur de la Légion d'honneur. Il est mort à Paris, le 6 juillet 1837.

Voici le titre exact de son livre : *Histoire du corps du génie, des siéges et travaux qu'il a dirigés,* par A. Allent, lieutenant-colonel du génie, secrétaire du Comité des fortifications, membre de la Légion d'honneur. — Première partie : *Depuis l'origine de la fortification moderne jusqu'à la fin du règne de Louis XIV.* Paris, Magimel, an XIII. — 1805.

*du génie*, relativement aux fortifications, et il donne sur les siéges des détails précis, dans les termes mêmes des pièces officielles.

Tout militaire qui s'occupe de l'art de la guerre, devra lire le livre du colonel Augoyat, pour se mettre au courant de l'organisation de nos armées dans le XVII<sup>e</sup> et le XVIII<sup>e</sup> siècle ; aucun officier du génie ne peut se dispenser d'en faire l'objet d'une étude particulière, s'il veut connaître l'histoire du corps auquel il appartient.

Terminons en disant qu'il est bien à regretter que le colonel Augoyat se soit arrêté à 1804 dans cette œuvre remarquable. Il était parvenu à l'époque de l'Empire, ce qui lui permettait de faire une coupure dans son récit. Mais l'âge seul l'a empêché de continuer. On doit vivement désirer qu'un jour un autre officier, animé de la même ardeur et doué des mêmes facultés, entreprenne de continuer l'histoire instructive et si intéressante d'un corps qui est l'une des gloires de l'armée française.

Les services importants que le corps du génie a rendus pendant les grandes guerres de l'Empire et dans les siéges mémorables de cette époque, ainsi que dans ceux qui sont plus rapprochés de nous, notamment à Anvers, à Constantine, à Rome et à Sébastopol, fourniront assurément de belles pages à l'auteur qui voudra écrire l'histoire de ce corps pendant les soixante années qui viennent de s'écouler.

Paris, le 4 novembre 1864.

Le colonel CH. ÉMY.

Paris. — Imprimerie de E. MARTINET, rue Mignon, 2.